Le temps et l'autre

Emmanuel Levinas

Le temps et l'autre

QUADRIGE/PUF

© Fata Morgana, 1979

ISBN 2 13 039218 0
ISSN 0291-0489

Dépôt légal — 1re édition : 1983, février
2e édition : 1985, octobre

Presses Universitaires de France,
108, boulevard Saint-Germain, 75006 Paris

PRÉFACE

Ecrire une préface pour la réédition de pages qu'on avait publiées il y a trente ans, c'est presque préfacer le livre d'un autre. Sauf qu'on en voit plus vite et qu'on en ressent plus douloureusement les insuffisances.

Le texte qu'on va lire reproduit le sténogramme des quatre conférences faites sous le titre de « Le Temps et l'Autre » en 1946/47, pendant la première année de son fonctionnement, au Collège Philosophique fondé par Jean Wahl en plein Quartier Latin. Il parut en 1948 dans le recueil collectif intitulé « Le Choix, le Monde, l'Existence », premier des Cahiers du Collège Philosophique, où nous étions heureux de voisiner avec Jeanne Hirsch, Alphonse de Waelhens et Jean Wahl lui-même. Le style (ou le non-style) parlé de cet écrit, est, certes, pour beaucoup dans certaines tournures abruptes ou maladroites. Il y a aussi dans ces essais des thèses dont les contextes n'ont pas été formulés, ni les ouvertures explorées jusqu'au bout, ni la dissémination systématisée. Une note préliminaire signalait, dès 1948, tous ces défauts que le vieillissement du texte a probablement accusés.

Si nous avons cependant accepté l'idée de son édition en volume et avons renoncé à le rajeunir, c'est que nous tenons encore au projet principal dont il est — au milieu de mouvements divers de la pensée — la naissance et la formulation première et que son exposition se raffermit au fur et à mesure que l'on avance dans ces pages trop hâtives. Le temps est-il la limitation même de l'être fini ou la relation de l'être fini à Dieu ? Relation qui n'assurerait pas pour autant à l'être une infinitude opposée à la finitude, pas une auto-suffisance opposée au besoin, mais qui, par-delà satisfaction et insatisfaction, signifierait le surplus de la socialité. Cette façon d'interroger le temps nous semble en être, aujourd'hui encore, le problème vivant. « Le Temps et l'Autre » pressent le temps non pas comme horizon ontologique de l'*être de l'étant*, mais comme mode de l'*au delà de l'être*, comme relation de la « pensée » à l'Autre et — à travers diverses figures de la socialité en face du visage de l'autre homme : érotisme, paternité, responsabilité pour le prochain — comme relation au Tout Autre, au Transcendant, à l'Infini. Relation ou religion qui n'est pas structurée comme savoir, c'est-à-dire comme intentionalité. Celle-ci recèle la re-présentation et ramène *l'autre* à la présence et à la co-présence. Le temps, par contre, signifierait, dans sa dia-chronie, une relation qui ne compromet pas l'altérité de l'autre, tout en assurant sa non-indifférence à la « pensée ».

Comme modalité de l'être fini, le temps devrait signifier, en effet, la dispersion de *l'être de l'étant* en moments qui s'excluent et qui, de plus, instants instables ou infidèles à eux-mêmes, s'expulsent, chacun, dans le passé, hors de leur propre présence, fournissant cependant l'idée fulgurante de cette présence, dont ils suggéreraient ainsi et le non-sens et le sens, la mort et la vie. Mais, dès lors, l'éternité — dont, sans aucun emprunt à la durée vécue, l'intellect prétendrait posséder a priori l'idée, idée d'un *mode d'être* où le multiple est un et qui conférerait au présent son sens plein — n'est-elle pas toujours suspecte de ne dissimuler que la fulguration — la demi-vérité — de l'instant, retenue dans une imagination capable de jouer à l'intemporel et de s'illusionner sur un rassemblement de l'inassemblable? Cette éternité et ce Dieu intellectuel, ne seraient-ils pas, en fin de compte, des composés de ces demi-instants abstraits et inconstants de la dispersion temporelle, éternité abstraite et Dieu mort?

La thèse principale entrevue dans « Le Temps et l'Autre » consiste, par contre, à penser le temps non pas comme une dégradation de l'éternité, mais comme relation à *ce* qui, de soi inassimilable, absolument autre, ne se laisserait pas assimiler par l'expérience ou à *ce* qui, de soi infini, ne se laisserait pas com-prendre ; si toutefois cet Infini ou cet Autre, devait encore tolérer qu'on le désigne du doigt dans le démonstratif *ce*, comme un simple objet ou qu'on lui accroche un article défini ou indéfini pour qu'il prenne corps. Relation avec l'In-visible où l'invisibilité résulte, non pas de l'incapacité de la connaissance humaine, mais de l'inaptitude de la connaissance comme telle — de son in-adéquation — à l'Infini de l'absolument autre, de l'absurdité qu'aurait ici un événement tel que la coïncidence. Impossibilité de coïncider, in-adéquation, qui ne sont pas des notions simplement négatives, mais qui ont un sens dans le *phénomène* de la non-coïncidence *donné* dans la dia-chronie du temps. Le temps signifie ce *toujours* de la non-coïncidence, mais aussi ce *toujours* de la *relation* — de l'aspiration et de l'attente : fil plus ténu qu'une ligne idéale et que la diachronie ne coupe pas ; elle le préserve dans le paradoxe d'une relation, différente de toutes les autres relations de notre logique et de notre psychologie, lesquelles, en guise d'ultime communauté, confèrent, au moins, la synchronie à leurs termes. Ici, relation sans termes, attente sans attendu, aspiration inassouvissable. Distance qui est aussi proximité — laquelle n'est pas une coïncidence ou une union manquée, mais signifie — nous l'avons dit — tout le surplus ou tout le *bien* d'une socialité originelle. Que la dia-chronie soit *plus* qu'un synchronisme, que la proximité soit *plus précieuse* que le fait d'être donné, que l'allégeance à l'inégalable soit *meilleure* qu'une conscience de soi, n'est-ce pas là la difficulté et la hauteur de la religion ? Toutes les descriptions de cette « distance-proximité, » ne sauraient d'ailleurs être qu'approximatives ou métaphoriques, puisque la dia-chronie du temps en est et le sens non figuré, le sens propre, et le modèle. [1]

Le « mouvement » du temps entendu comme transcendance à l'Infini du « tout Autre, » ne se temporalise d'une façon linéaire, ne ressemble pas à la droiture du rayon intentionnel. Sa façon de signifier, marquée par le *mystère* de la mort, fait un détour en entrant dans l'aventure éthique de la relation à l'autre homme. [2]

La transcendance temporelle n'a été décrite dans notre essai de 1948 qu'en des aperçus qui, tout au plus, restent préparatoires. Ils sont guidés par l'analogie entre la transcendance que signifie la dia-chronie et la distance de l'altérité d'autrui ainsi que par l'insistance sur le lien — incomparable à celui qui lie les termes de toute relation — qui traverse l'intervalle de cette transcendance.

Nous n'avons pas voulu modifier l'itinéraire que, dans ce livre, avait suivi l'expression de ces idées. Il nous a semblé porter témoignage d'un certain climat d'ouverture qu'offrait la Montagne Sainte-Geneviève au lendemain de la Libération. Le Collège philosophique de Jean Wahl en était le reflet et l'un des foyers. Sonorité inimitable du dire hautain et inspiré de Vladimir Jankélévitch proférant l'*inouï* du message bergsonien, formulant l'ineffable, faisant salle comble au Collège Philosophique ; Jean Wahl saluant la multiplicité même des tendances dans la « philosophie vivante », soulignant la parenté privilégiée de la philosophie et des formes diverses de l'art. Il aimait suivre les transitions de l'une aux autres. Par toute son attitude il semblait inviter à l'« expérimentation *intellectuelle* » audacieuse et à des prospections risquées. La phénoménologie husserlienne et, grâce à Sartre et à Merleau-Ponty, la philosophie de l'existence et même les premiers énoncés de l'ontologie fondamentale de Heidegger, promettaient alors des possibilités philosophiques nouvelles. Les mots désignant ce dont les hommes s'étaient toujours souciés sans oser l'imaginer dans un discours spéculatif, prenaient rang de catégories. On pouvait sans ambages — et souvent sans précaution — et en prenant quelques libertés avec les règles académiques, mais aussi sans subir la tyrannie des mots d'ordre courants, se donner — et proposer à d'autres — des idées « à creuser », « à approfondir » ou « à explorer » comme les désigne souvent Gabriel Marcel dans son Journal Métaphysique.

C'est dans l'esprit de ces années d'ouverture qu'il convient de lire dans *Le Temps et l'Autre* les divers thèmes à travers lesquels chemine — avec détours — notre thèse principale ; ce qui est dit de la subjectivité : maîtrise du Moi sur l'*il y a* anonyme de l'être, aussitôt retournement du Soi sur Moi, encombrement du Moi par le Soi-même et, ainsi, matérialité matérialiste et solitude de l'immanence, irrémissible poids de l'être dans le travail, la peine et la souffrance ; ce qui est dit, ensuite, du monde : transcendance des nourritures et des connaissances, expérience au sein de la jouissance, savoir et retours à soi, solitude dans la lumière du savoir absorbant tout *autre*, solitude de la raison essentiellement *une* : ce qui est dit, alors, de la mort non pas pur néant, mais mystère inassumable et, dans ce sens, éventualité de l'événement sur le point de faire irruption dans le Même de l'immanence, d'interrompre la monotonie et le tic-tac des instants esseulés — éventualité du *tout autre*, de l'avenir, temporalité du temps où la dia-chronie décrit précisément la relation avec ce qui demeure absolument dehors ; ce qui est dit, enfin, du rapport à autrui, au féminin, à l'enfant, de la fécondité du Moi, modalité concrète de la diachronie, articulations ou digressions inévitables de la transcendance du temps : ni extase où le Même s'absorbe dans l'Autre ni savoir où l'Autre appartient au Même — relation sans relation, désir inassouvissable ou proximité de l'Infini. Thèses qui n'ont pas été toutes reprises plus tard sous leur forme première, qui ont pu depuis lors se révéler comme inséparables de problèmes plus complexes et plus anciens, comme exigeant une expression moins improvisée et surtout une pensée différente.

Nous voudrions souligner deux points qui nous semblent importants dans les dernières pages de ces anciennes conférences. Ils concernent la façon dont la phénoménologie de l'altérité et de sa transcendance y est tentée.

L'altérité humaine, est pensée non pas à partir de l'altérité purement formelle et logique par laquelle se distinguent les uns des autres les termes de toute multiplicité (où chacun est autre déjà comme porteur d'attributs différents ou, dans une multiplicité de termes égaux, chacun est l'autre de l'autre de par son individuation). La notion d'altérité transcendante — celle qui ouvre le temps — est d'abord recherchée à partir d'une *altérité-contenu*, à partir de la féminité. La féminité — et il faudrait voir dans quel sens cela peut se dire de la masculinité ou de la virilité, c'est-à-dire de la différence des sexes en général — nous est apparue comme une différence tranchant sur les différences, non seulement comme une qualité, différente de toutes les autres, mais comme la qualité même de la différence. Idée qui devrait rendre possible la notion du couple comme distincte de toute dualité purement numérique, la notion de socialité à deux, qui est probablement nécessaire à l'exceptionnelle épiphanie du visage — nudité abstraite et chaste — se dégageant des différences sexuelles, mais qui est essentielle à l'érotisme et où l'altérité —, comme qualité là encore, et non pas comme distinction simplement logique — est portée par le « tu ne tueras pas » que dit le silence même du visage. Significatif rayonnement éthique dans l'érotisme et la libido par lesquels l'humanité entre dans la société à deux et qu'elle soutient autorisant, peut-être, à mettre au moins en question le simplisme du pan-érotisme contemporain.

Nous voudrions souligner enfin une structure de la transcendance qui dans « Le Temps et l'Autre » a été aperçue à partir de la paternité : le possible offert au fils, placé *au delà* de ce qui est assumable par le père, reste encore *sien* dans un certain sens. Précisément dans le sens de la parenté. Sienne — ou non-indifférente — une possibilité qu'un autre assume : par le fils une possibilité au delà du possible ! Non-indifférence qui ne découle pas des règles sociales qui régissent la parenté, mais qui fonde probablement ces règles. Non-indifférence par laquelle au Moi est possible l'au delà du possible. Ce qui, à partir de la notion — non-biologique — de la fécondité du Moi, met en question l'idée même du *pouvoir* telle qu'elle est incarnée dans la subjectivité transcendantale, centre et source d'actes intentionnels.

I

L'objet et le plan

Le but de ces conférences consiste à montrer que le temps n'est pas le fait d'un sujet isolé et seul, mais qu'il est la relation même du sujet avec autrui.

Cette thèse n'a rien de sociologique. Il ne s'agit pas de dire comment le temps est découpé et aménagé, grâce aux notions que nous empruntons à la société, comment la société nous permet de nous faire une représentation du temps. Il ne s'agit pas de notre idée du temps, mais du temps lui-même.

Pour soutenir cette thèse il faudra, d'un côté, approfondir la notion de solitude et envisager, de l'autre, les chances que le temps offre à la solitude.

Les analyses que nous allons entreprendre ne seront pas anthropologiques, mais ontologiques. Nous croyons, en effet, à l'existence de problèmes et de structures ontologiques. Non pas au sens que les réalistes — décrivant purement et simplement l'être donné — prêtent à l'ontologie. Il s'agit d'affirmer que l'*être* n'est pas une notion vide, qu'il a sa dialectique propre et que des notions comme la solitude ou la collectivité apparaissent à un certain moment de cette dialectique, que la solitude et la collectivité ne sont pas des notions de psychologie seulement, comme le besoin que l'on peut avoir d'autrui ou comme, impliqué dans ce besoin, une prescience ou un pressentiment ou une anticipation de l'autre. Nous voulons présenter la solitude comme une catégorie de l'être, montrer sa place dans une dialectique de l'être ou, plutôt, — car le mot dialectique a un sens plus déterminé, — la place de la solitude dans l'économie générale de l'être.

Nous répudions donc, au départ, la conception heideggerienne qui envisage la solitude au sein d'une relation préalable avec l'autre. Anthropologiquement incontestable, la conception nous semble ontologiquement obscure. La relation avec autrui est certes posée par Heidegger comme structure ontologique du *Dasein* : pratiquement, elle ne joue aucun rôle ni dans le drame de l'être, ni dans l'analytique existentiale. Toutes les analyses de *Sein und Zeit* se poursuivent soit pour l'impersonnalité de la vie quotidienne, soit pour le *Dasein* esseulé. D'autre part, la solitude emprunte-t-elle son caractère tragique au néant ou à la privation d'autrui que la mort souligne ? Il y a là au moins une ambiguïté. Nous y trouvons une invitation à dépasser la définition de la solitude par la socialité et de la socialité par la solitude. Enfin l'autre, chez Heidegger, apparaît dans la situation essentielle du *Miteinandersein* — être réciproquement l'un avec l'autre... La préposition *mit* (avec) décrit ici la relation. C'est, ainsi, une association de côte à côte, autour de quelque chose, autour d'un terme commun, et, plus précisément pour Heidegger, autour de la vérité. Ce n'est pas la relation du face-à-face. Chacun y apporte tout, sauf le fait privé de son existence. Nous espérons montrer, pour notre part, que ce n'est pas la préposition *mit* qui doit décrire la relation originelle avec l'autre.

Notre manière de procéder nous amènera à des développements qui seront peut-être assez ardus. Ils n'auront pas le pathétique brillant des développements anthropologiques. Mais, en revanche, pourrons-nous dire de la solitude autre chose que son malheur et son opposition à la collectivité, à cette collectivité dont on dit d'habitude le bonheur dans son opposition à la solitude.

En remontant ainsi à la racine ontologique de la solitude, nous espérons entrevoir en quoi cette solitude peut être dépassée. Disons tout de suite ce que ce dépassement ne sera pas. Il ne sera pas une connaissance, car par la connaissance l'objet, qu'on le veuille ou non, est absorbé par le sujet et la dualité disparaît. Il ne sera pas une extase, car, dans l'extase, le sujet s'absorbe dans l'objet et se retrouve dans son unité. Tous ces rapports aboutissent à la disparition de l'autre.

C'est alors que nous nous heurterons au problème

de la souffrance et de la mort. Non pas que ce soient là de très beaux thèmes et qui permettent des développements brillants et à la mode ; mais parce que dans le phénomène de la mort, la solitude se trouve au bord d'un mystère. Mystère qu'il ne convient pas d'entendre négativement comme ce qui est inconnu, et dont nous aurons à établir la signification positive. Cette notion nous permettra d'apercevoir dans le sujet un rapport qui ne se réduira pas au retour pur et simple de sa solitude. Devant la mort qui sera mystère et non pas nécessairement néant, ne se produit pas l'absorption d'un terme par l'autre. Nous montrerons enfin comment la dualité qui s'annonce dans la mort devient relation avec l'autre et le temps.

Ce que ces développements peuvent contenir de dialectique n'est en tout cas pas hégélien. Il ne s'agit pas de traverser une série de contradictions, ni de les concilier en arrêtant l'Histoire. C'est, au contraire, vers un pluralisme qui ne fusionne pas en unité que nous voudrions nous acheminer ; et, si cela peut être osé, rompre avec Parménide.

La solitude de l'exister

En quoi consiste l'acuité de la solitude ? Il est banal de dire que nous n'existons jamais au singulier. Nous sommes entourés d'êtres et de choses avec lesquels nous entretenons des relations. Par la vue, par le toucher, par la sympathie, par le travail en commun, nous sommes avec les autres. Toutes ces relations sont transitives : je touche un objet, je vois l'Autre. Mais je ne *suis* pas l'Autre. Je suis tout seul. C'est donc l'être en moi, le fait que j'existe, mon *exister* qui constitue l'élément absolument intransitif, quelque chose sans intentionalité, sans rapport. On peut tout échanger entre êtres sauf l'exister. Dans ce sens, être, c'est s'isoler par l'exister. Je suis monade en tant que je suis. C'est par l'exister que je suis sans portes ni fenêtres, et non pas par un contenu quelconque qui serait en moi incommunicable. S'il est incommunicable, c'est qu'il est enraciné dans mon être qui est ce qu'il y a de plus privé en moi. De sorte que tout élargissement de ma connaissance, de mes moyens de m'exprimer demeure sans effet sur ma relation avec l'exister, relation intérieure par excellence.

La mentalité primitive — ou du moins l'interprétation qu'en a donnée Lévy-Bruhl — a paru ébranler l'assise de nos concepts parce qu'elle avait l'air d'apporter l'idée d'une existence transitive. On avait l'impression que par la participation le sujet ne voit pas seulement l'autre, mais qu'il *est* l'autre. Notion plus importante pour la mentalité primitive que celle du prélogique ou du mystique. Cependant elle ne nous délivre pas de la solitude. Une conscience moderne, du moins, ne saurait abdiquer à si peu de frais son secret et sa solitude. Et dans la mesure où l'expérience de la participation peut être actuelle, elle coïncide avec la fusion extatique. Elle ne maintient pas suffisamment la dualité des termes. Nous en arrivons au monisme si nous quittons la monadologie.

L'exister se refuse à tout rapport, à toute multiplicité. Il ne regarde personne d'autre que l'existant. La solitude n'apparaît donc pas comme un isolement de fait d'un Robinson, ni comme l'incommunicabilité d'un contenu de conscience, mais comme l'unité indissoluble entre l'existant et son œuvre d'exister. Aborder l'exister dans l'existant, c'est l'enfermer dans l'unité et laisser échapper Parménide à tout parricide que ses descendants seraient tentés de commettre contre lui. La solitude est dans le fait même qu'il y a des existants. Concevoir une situation où la solitude est dépassée, c'est éprouver le principe même du lien entre l'existant et son exister. C'est aller vers un événement ontologique où l'existant contracte l'existence. J'appelle *hypostase* l'événement par lequel l'existant contracte son exister. La perception et la science partent toujours des existants déjà munis de leur existence privée. Ce lien entre ce qui existe et son exister est-il indissoluble ? Peut-on remonter à l'hypostase ?

L'exister sans existant

Revenons encore à Heidegger. Vous n'ignorez pas sa distinction — dont j'ai déjà fait usage — entre *Sein* et *Seiendes*, être et étant, mais que pour des raisons d'euphonie je préfère traduire par *exister* et *existant*, sans prêter à ces termes un sens spécifiquement existentialiste. Heidegger distingue les sujets et les objets — les êtres qui sont, les existants — de leur œuvre même d'être. Les uns se traduisent par des substantifs ou des participes substantivés, l'autre par un verbe. Cette distinction posée dès le début de *Sein und Zeit* permet de dissiper certaines équivoques de la philosophie au cours de son histoire où l'on partait de l'exister pour arriver à l'existant possédant l'exister pleinement, à Dieu.

Cette distinction heideggerienne est pour moi la chose la plus profonde de *Sein und Zeit*. Mais chez Heidegger, il y a distinction, il n'y a pas séparation. L'exister est toujours saisi dans l'existant et, pour l'existant qu'est l'homme, le terme heideggerien de « Jemeinigkeit » exprime précisément le fait que l'exister est toujours possédé par quelqu'un. Je ne crois pas que Heidegger puisse admettre un exister sans existant qui lui semblerait absurde.

Toutefois il a une notion — la *Geworfenheit* — « expression d'un certain Heidegger », selon Jankelevitch — qu'on traduit d'habitude par déréliction ou par délaissement. On insiste ainsi sur une conséquence de la *Geworfenheit*. Il faut traduire *Geworfenheit* par le « fait-d'être-jeté-dans »... l'existence. Comme si l'existant n'apparaissait que dans une existence qui le précède, comme si l'existence était indépendante de l'existant et que l'existant qui s'y trouve jeté ne pouvait jamais devenir maître de l'existence. C'est pour cela précisément qu'il y a délaissement et abandon. Ainsi se fait jour l'idée d'un exister qui se fait sans nous, sans sujet, d'un exister sans existant. M. Wahl dirait sans doute que l'exister sans existant n'est qu'un mot. Le terme mot est certes gênant parce qu'il est péjoratif. Mais je suis en somme d'accord avec M. Wahl. Il faudrait seulement au préalable déterminer la place du mot dans l'économie générale de l'être. Je dirais aussi volontiers que l'exister n'existe pas. C'est l'existant qui existe. Et le fait de recourir, pour comprendre ce qui existe, à ce qui n'existe pas, ne constitue point une révolution en philosophie. La philosophie idéaliste a été en somme une manière de fonder l'être sur quelque chose qui n'est pas de l'être.

Comment allons-nous approcher de cet exister sans existant ? Imaginons le retour au néant de toutes choses, êtres et personnes. Allons-nous rencontrer le pur néant ? Il reste après cette destruction imaginaire de toutes choses, non pas quelque chose, mais le fait qu'*il y a*. L'absence de toutes choses, retourne comme une présence : comme le lieu où tout a sombré, comme une densité d'atmosphère, comme une plénitude du vide ou comme le murmure du silence. Il y a, après cette destruction des choses et des êtres, le « champ de forces » de l'exister, impersonnel. Quelque chose qui n'est ni sujet, ni substantif. Le fait de l'exister qui s'impose, quand il n'y a plus rien. Et c'est anonyme : il n'y a personne ni rien qui prenne cette existence sur lui. C'est impersonnel comme « il pleut », ou « il fait chaud ». Exister qui retourne quelle que soit la négation par laquelle on l'écarte. Il y a comme l'irrémissibilité de l'exister pur.

En évoquant l'anonymat de cet exister, je ne pense pas du tout à ce fond indéterminé dont on parle dans les manuels de philosophie et où la perception découpe les choses. Ce fond indéterminé est déjà un être — un étant — un quelque chose. Il rentre déjà dans la catégorie du substantif. Il a déjà cette personnalité élémentaire qui caractérise tout existant. L'exister que nous essayons d'approcher — c'est l'œuvre même d'être qui ne peut s'exprimer par un substantif, qui est verbe. Cet exister ne peut pas être affirmé purement et simplement, parce qu'on affirme toujours un *étant*. Mais il s'impose parce qu'on ne peut pas le nier. Derrière toute négation, cette ambiance d'être, cet être comme « champ de forces » réapparaît, comme champ de toute affirmation et de toute négation. Il n'est jamais accroché à un *objet qui est*, et c'est pour cela que nous l'appelons anonyme.

Approchons de cette situation par un autre biais. Prenons l'insomnie. Cette fois-ci, il ne s'agit pas d'une expérience imaginée. L'insomnie est faite de la conscience que cela ne finira jamais, c'est-à-dire qu'il n'y a plus aucun moyen de se retirer de la vigilance à laquelle on est tenu. Vigilance sans aucun but. Au moment où on y est rivé, on a perdu toute notion de son point de départ ou de son point d'arrivée. Le présent soudé au passé, est tout entier héritage de ce passé ; il ne renouvelle rien. C'est toujours le même présent ou le même passé qui dure. Un souvenir — ce serait déjà une libération à l'égard de ce passé. Ici, le temps ne part de nulle part, rien ne s'éloigne ni ne s'estompe. Seuls les bruits extérieurs qui peuvent marquer l'insomnie, introduisent des commencements dans cette situation sans commencements ni fin, dans cette immortalité à laquelle on ne peut échapper, toute semblable à l'*il y a*, à l'existence impersonnelle dont nous venons de parler.

Par une vigilance, sans recours possible au sommeil, nous allons précisément caractériser l'*il y a* et la façon qu'a l'exister de s'affirmer dans son propre anéantissement. Vigilance, sans refuge d'inconscience, sans possibilité de se retirer dans le sommeil comme dans un domaine privé. Cet exister n'est pas un *en-soi*, lequel est déjà la paix ; il est précisément absence de tout soi, un *sans-soi*. On peut aussi caractériser l'exister par la notion d'éternité, puisque l'exister sans existant, est sans point de départ. Un sujet éternel est une *contradictio in adjecto*, car un sujet est déjà un commencement. Le sujet éternel non seulement ne peut rien commencer, hors de lui, il est en soi impossible, car comme sujet il devrait être commencement et exclure l'éternité. L'éternité n'est pas apaisée, parce qu'elle n'a pas de sujet qui la prenne sur lui.

Ce retournement du néant en exister, on peut encore le trouver chez Heidegger. Le néant heideggerien a encore une espèce d'activité et d'être : le néant néantit. Il ne reste pas tranquille. Dans cette production du néant, il s'affirme.

Mais s'il fallait rapprocher la notion de l'*il y a* d'un grand thème de la philosophie classique, je penserais à Héraclite. Non pas au mythe du fleuve où on ne peut pas se baigner deux fois, mais à sa version du Cratyle, d'un fleuve où on ne se baigne même pas une seule fois ; où ne peut se constituer la fixité même de l'unité, forme de tout existant ; fleuve où disparaît le dernier élément de fixité par rapport auquel le devenir se comprend.

L'exister sans existant que j'appelle *il y a* est l'endroit où se produira l'hypostase.

Mais je veux auparavant insister plus longuement sur les conséquences de cette conception. Elle consiste à promouvoir une notion d'être sans néant, qui ne laisse pas d'ouvertures, qui ne permet pas d'échapper. Et cette impossibilité de néant enlève au suicide qui est la dernière maîtrise qu'on puisse avoir sur l'être, sa fonction de maîtrise. On n'est plus maître de rien, c'est-à-dire on est dans l'absurde. Le suicide apparaissait comme le dernier recours contre l'absurde. Suicide au sens large du terme comprenant aussi la lutte désespérée mais lucide d'un Macbeth qui combat même quand il a reconnu l'inutilité du combat. Cette maîtrise — cette possibilité de trouver un sens à l'existence par la possibilité du suicide est un fait constant de la tragédie ; ce cri de Juliette au troisième acte de *Roméo et Juliette* : « Je garde le pouvoir de mourir » — est encore un triomphe sur la fatalité. On peut dire que la tragédie, en général, n'est pas simplement la victoire du destin sur la liberté, car par la mort assumée au moment de la prétendue victoire du destin, l'individu échappe au destin. Mais c'est pour cela que Hamlet est au delà de la tragédie ou la tragédie de la tragédie. Il comprend que le « ne pas être » est peut-être impossible et il ne peut plus maîtriser l'absurde, même par le suicide. La notion de l'être irrémissible et sans issue, constitue l'absurdité foncière de l'être. L'être est le mal, non pas parce que fini, mais parce que sans limites. L'angoisse, d'après Heidegger, est l'expérience du néant. N'est-elle pas, au contraire, — si par mort on entend néant, — le fait qu'il est impossible de mourir ?

Il peut aussi sembler paradoxal de caractériser l'*il y a* par la vigilance, comme si l'on douait le pur événement d'exister d'une conscience. Mais il faut se demander si la vigilance définit la conscience, si la conscience n'est pas bien plutôt la possibilité de s'arracher à la vigilance ; si le sens propre de la conscience ne consiste pas à être une vigilance adossée à une possibilité de sommeil ; si le fait du moi n'est pas le pouvoir de sortir de la situation de la vigilance impersonnelle. En fait, la conscience participe déjà à la vigilance. Mais ce qui la caractérise spécialement, c'est de conserver toujours la possibilité de se retirer « derrière », pour dormir. La conscience est le pouvoir de dormir. Cette fuite dans le plein est comme le paradoxe même de la conscience.

L'hypostase

C'est dire que la conscience est une rupture de la vigilance anonyme de l'*il y a*, qu'elle est déjà hypostase, qu'elle se réfère à une situation où un existant se met en rapport avec son exister. Nous ne pourrons évidemment pas expliquer *pourquoi* cela se produit : il n'existe pas de physique en métaphysique. Nous pouvons simplement montrer quelle est la signification de l'hypostase.

L'apparition d'un « quelque chose qui est » constitue une véritable inversion au sein de l'être anonyme. Il porte l'exister comme attribut, il est maître de cet exister comme le sujet est maître de l'attribut. L'exister est à lui et c'est précisément par cette maîtrise sur l'exister, maîtrise dont nous allons voir tout à l'heure les limites — par cette maîtrise jalouse et sans partage sur l'exister — que l'existant est seul. Plus exactement, l'apparition d'un existant est la constitution même d'une maîtrise, d'une liberté dans un exister qui, par lui-même, resterait foncièrement anonyme. Pour qu'il puisse y avoir un existant dans cet exister anonyme, il faut qu'il y devienne possible un départ de soi et un retour à soi, c'est-à-dire l'œuvre même de l'identité. Par son identification, l'existant s'est déjà refermé sur lui-même ; il est monade et solitude.

L'événement de l'hypostase, c'est le présent. Le présent part de soi, mieux encore, il *est* le départ de soi. Dans la trame infinie, sans commencement ni fin, de l'exister, il est déchirure. Le présent déchire et renoue ; il commence ; il est le commencement même. Il a un passé, mais sous forme de souvenir. Il a une histoire, mais il n'est pas l'histoire.

Poser l'hypostase comme présent, n'est pas encore introduire le temps dans l'être. En nous donnant le présent, nous ne nous donnons pas une étendue du temps prise dans une série linéaire de la durée, ni un point de cette série. Il ne s'agit pas d'un présent découpé dans un temps d'ores et déjà constitué, d'un élément du temps, mais de la *fonction* du présent, de la déchirure qu'il opère dans l'infini impersonnel de l'exister. Il est comme un schéma ontologique. D'un côté c'est un événement, pas encore quelque chose, il n'existe pas ; mais c'est un événement de l'exister par lequel quelque chose vient à partir de soi. D'un côté, c'est encore un pur événement qui doit s'exprimer par un verbe ; et cependant il y a comme une mue dans cet exister, déjà quelque chose, déjà existant. Il est essentiel de saisir le présent à la limite de l'exister et de l'existant où, fonction de l'exister, il vire déjà en existant.

C'est précisément parce que le présent est une façon d'accomplir le « à partir de soi » qu'il est toujours évanescence. Si le présent durait, il aurait reçu son existence de quelque chose qui précède. Il aurait bénéficié d'un héritage. Or il est quelque chose qui vient de soi. On ne peut venir de soi autrement qu'en ne recevant rien du passé. L'évanescence serait donc la forme essentielle du commencement.

Mais cette évanescence, comment peut-elle aboutir à quelque chose ? Situation dialectique qui décrit plutôt qu'elle n'exclut un phénomène qui s'impose maintenant : le « je ».

Les philosophes ont toujours reconnu au « je » un caractère amphibique : il n'est pas une substance, c'est pourtant un existant par excellence. Le définir par la spiritualité — ce n'est rien dire, si spiritualité équivaut à des propriétés. Ce n'est rien dire sur son mode d'existence, sur l'absolu qui dans le moi n'exclut pas un pouvoir de renouvellement total. Dire que ce pouvoir a une existence absolue, c'est transformer en substance ce pouvoir du moins. Par contre, saisi à la limite de l'exister et de l'existant, comme fonction d'hypostase, le moi se place d'emblée en dehors des oppositions du variable et du permanent, comme en dehors des catégories de l'être et du néant. Le paradoxe cesse quand on comprend que le « je » n'est pas initialement un existant, mais le mode d'exister lui-même, qu'il n'existe pas à proprement parler. Certes le présent et le « je » virent en existants et on peut en composer un temps, avoir le temps comme un existant.

Et on peut de ce temps hypostasié avoir une expérience kantienne ou bergsonienne. Mais c'est alors l'expérience d'un temps hypostasié, d'un temps qui est. Ce n'est plus le temps dans sa fonction schématique entre l'exister et l'existant, le temps comme événement pur de l'hypostase. En posant le présent comme la maîtrise de l'existant sur l'exister et en cherchant le passage de l'exister à l'existant, nous nous trouvons dans un plan de recherches que l'on ne peut plus qualifier d'expérience. Et si la phénoménologie n'est qu'une méthode d'expérience radicale, nous nous trouverons au delà de la phénoménologie. L'hypostase du présent n'est d'ailleurs qu'un moment de l'hypostase ; le temps peut indiquer une autre relation entre l'exister et l'existant. C'est lui qui nous apparaîtra plus tard comme l'événement *même* de notre relation avec autrui et nous permettra d'aboutir ainsi à une existence pluraliste dépassant l'hypostase moniste du présent.

Présent, « je » — l'hypostase est liberté. L'existant est maître de l'exister. Il exerce sur son existence le viril pouvoir du sujet. Il a quelque chose en son pouvoir.

Première liberté. Ce n'est pas encore la liberté du libre arbitre, mais la liberté du commencement. C'est à partir de quelque chose maintenant qu'il y a existence. Liberté incluse dans tout sujet, dans le fait même qu'il y a sujet, qu'il y a étant. Liberté de l'emprise même de l'existant sur l'exister.

Solitude et hypostase

Si la solitude a été caractérisée au début de cette étude comme l'unité indissoluble entre l'existant et son exister, elle ne tient donc pas à une présupposition quelconque de l'autre. Elle n'apparaît pas comme une privation d'une relation préalablement donnée avec autrui. Elle tient à l'œuvre de l'hypostase. La solitude est l'unité même de l'existant, le fait qu'il y a quelque chose dans l'exister à partir de quoi se fait l'existence. Le sujet est seul, parce qu'il est un. Il faut une solitude pour qu'il y ait liberté du commencement, maîtrise de l'existant sur l'exister, c'est-à-dire, en somme, pour qu'il y ait existant. La solitude n'est donc pas seulement un désespoir et un abandon, mais aussi une virilité et une fierté et une souveraineté. Traits que l'analyse existentialiste de la solitude, menée exclusivement en termes de désespoir, a réussi à effacer, faisant oublier tous les thèmes de la littérature et de la psychologie romantique et byronienne de la solitude fière, aristocratique, géniale.

Solitude et matérialité

Mais cette maîtrise du sujet sur l'exister, cette souveraineté de l'existant, comporte un retournement dialectique.

L'exister est maîtrisé par l'existant, identique à lui-même, c'est-à-dire seul. Mais l'identité n'est pas seulement un départ de soi ; elle est aussi un retour à soi. Le présent consiste dans un retour inévitable à lui-même. La rançon de la position d'existant réside dans le fait même qu'il ne peut pas se détacher de soi. L'existant s'occupe de soi. Cette manière de s'occuper de soi — c'est la matérialité du sujet. L'identité n'est pas une inoffensive relation avec soi, mais un enchaînement à soi ; c'est la nécessité de s'occuper de soi. Le commencement est alourdi par lui-même ; c'est un présent d'être et non de rêve. Sa liberté est immédiatement limitée par sa responsabilité. C'est son grand paradoxe : un être libre n'est déjà plus libre parce qu'il est responsable de lui-même.

Liberté à l'égard du passé et de l'avenir, le présent est un enchaînement par rapport à soi. Le caractère matériel du présent ne tient pas au fait que le passé lui pèse ou qu'il s'inquiète de son avenir. Il tient au présent en tant que présent. Le présent a déchiré la trame de l'exister infini ; il ignore l'histoire ; il vient à partir de maintenant. Et malgré cela ou à cause de cela, il s'engage en soi-même et par là connaît une responsabilité, tourne en matérialité.

Dans les descriptions psychologiques et anthropologiques, cela se traduit par le fait que le *je* est déjà rivé à soi, que la liberté du *je* n'est pas légère comme la grâce, mais déjà pesanteur, que le moi est irrémissiblement soi. Je ne fais pas un drame d'une tautologie. Le retour du moi sur soi n'est précisément pas une sereine réflexion, ni le résultat d'une réflexion purement philosophique. La relation avec soi est, comme dans le roman de Blanchot, *Aminadab*, la relation avec un double enchaîné à moi, double visqueux, pesant, stupide mais avec lequel le moi est précisément parce qu'il est moi. *Avec* qui se manifeste dans le fait qu'il faut s'occuper de soi. Toute entreprise est un remue-ménage. Je n'existe pas comme un esprit, comme un sourire ou un vent qui souffle, je ne suis pas sans responsabilité. Mon être se double d'un avoir : je suis encombré par moi-même. Et c'est cela, l'existence matérielle. Par conséquent, la matérialité n'exprime pas la chute contingente de l'esprit dans le tombeau ou la prison d'un corps. Elle accompagne — nécessairement — le surgissement du sujet, dans sa liberté d'existant. Comprendre ainsi le corps à partir de la matérialité — événement concret de la relation entre Moi et Soi — c'est le ramener à un événement ontologique. Les relations ontologiques ne sont pas des liens désincarnés. La relation entre Moi et Soi n'est pas une inoffensive réflexion de l'esprit sur lui-même. C'est toute la matérialité de l'homme.

Cela va donc ensemble : liberté du Moi et sa matérialité. La première liberté qui tient au fait que dans l'exister anonyme surgit un existant, comporte comme une rançon : le définitif même du *je* rivé à soi-même. Ce définitif de l'existant qui constitue le tragique de la solitude, c'est la matérialité. La solitude n'est pas tragique parce qu'elle est privation de l'autre, mais parce qu'elle est enfermée dans la captivité de son identité, parce qu'elle est matière. Briser l'enchaînement de la matière, c'est briser le définitif de l'hypostase. C'est être dans le temps. La solitude est une absence de temps. Le temps *donné*, hypostasié lui-même, expérimenté, le temps à parcourir à travers lequel le sujet charrie son identité, est un temps incapable de dénouer le lien de l'hypostase.

II

La matière est le malheur de l'hypostase. Solitude et matérialité vont ensemble. La solitude n'est pas une inquiétude supérieure qui se révèle à un être quand tous ses besoins sont satisfaits. Elle n'est pas l'expérience privilégiée de l'*être pour la mort*, mais la compagne, si on peut dire, de l'existence quotidienne hantée par la matière. Et dans la mesure où les soucis matériels découlent de l'hypostase elle-même, expriment l'événement même de notre liberté d'existant, la vie quotidienne, loin de constituer une chute, loin d'apparaître comme une trahison à l'égard de notre destin métaphysique, émane de notre solitude, forme l'accomplissement même de la solitude et la tentative infiniment grave de répondre à son malheur profond. La vie quotidienne est une préoccupation du salut.

La vie quotidienne et le salut

Ne peut-on pas résoudre ainsi une contradiction dont toute la philosophie contemporaine constitue le jeu ? L'espoir d'une société meilleure et le désespoir de la solitude, fondés tous les deux sur des expériences qui se prétendent évidentes, apparaissent dans un antagonisme insurmontable. Entre l'expérience de la solitude et l'expérience sociale il n'y a pas seulement opposition, mais antinomie. Chacune d'entre elles prétend au rang d'une expérience universelle et arrive à rendre compte de l'autre, à la faire ressortir comme une dégradation d'une expérience authentique.

Au sein même du constructivisme optimiste de la sociologie et du socialisme, le sentiment de solitude se maintient et menace. Il permet de dénoncer comme divertissement pascalien, comme simple oubli de la solitude les joies de la communication, les œuvres collectives et tout ce qui rend le monde habitable. Le fait de s'y trouver installé, de s'occuper des choses, de s'attacher à elles et même l'aspiration à dominer les choses — n'est pas seulement déprécié dans l'expérience de la solitude, mais expliqué par une philosophie de la solitude. Le souci des choses et des besoins serait une chute, une fuite devant la finalité dernière qu'impliquent ces besoins eux-mêmes, une inconséquence, une non-vérité, fatale, certes, mais portant la marque de l'inférieur et du réprouvable.

Mais l'inverse est également vrai. Au milieu des angoisses pascaliennes, kierkegaardiennes, nietzschéennes et heideggeriennes, nous nous conduisons comme d'affreux bourgeois. Ou nous sommes fous. Personne ne proposera la folie comme une voie de salut. Le bouffon, le fou de la tragédie shakespearienne est celui qui sent et dit avec lucidité l'inconsistance du monde et l'absurde des situations — il n'est pas le personnage principal de la tragédie, il n'a rien à surmonter. Il est, dans le monde des rois, des princes et des héros, l'ouverture par laquelle ce monde est traversé par des courants d'air de folie, — il n'est pas la tempête qui éteint les lumières et arrache les draperies. On a beau qualifier de chute, de vie quotidienne, d'animalité, de dégradation et de matérialisme sordide, l'ensemble des préoccupations qui remplissent nos longues journées et qui nous arrachent à notre solitude pour nous jeter en relations avec nos semblables, ces préoccupations n'ont en tout cas rien de frivole. On peut penser que le temps authentique est originellement une extase, on s'achète une montre ; malgré la nudité de l'existence, il faut, dans la mesure du possible, être décemment habillé. Et quand on écrit un livre sur l'angoisse, on l'écrit pour quelqu'un, on passe à travers toutes les démarches qui séparent la rédaction de la publication et l'on se conduit, parfois, comme un marchand d'angoisse. Le condamné à mort rectifie sa tenue lors de son dernier voyage, accepte une dernière cigarette, et trouve avant la salve un mot éloquent.

Objections faciles qui rappellent celles que certains réalistes adressent aux idéalistes, quand ils leur reprochent de manger et d'aspirer dans un monde illusoire. Objections, en l'occurrence, moins négligeables ; elles n'opposent pas une conduite à une métaphysique, mais une conduite à une morale. Chacune des expériences antagonistes est une morale. Elles objectent l'une à l'autre, non pas l'erreur, mais l'inauthenticité. Il y a autre chose que de la naïveté dans le démenti que les masses opposent aux élites quand elles se préoccupent de pain plus que d'angoisse. De là, l'accent de grandeur qui émeut dans un humanisme partant du problème économique, de là le pouvoir même que possèdent les revendications de la classe ouvrière de s'ériger en humanisme. Pour un comportement qui aurait été simplement une chute dans l'inauthentique ou même un divertissement, ou même une exigence légitime de notre animalité — cela serait inexplicable.

La solitude et ses angoisses sont pour un socialisme constructif et optimiste, une position d'autruche dans un monde qui sollicite la solidarité et la lucidité, épiphénomène — phénomène de luxe ou de déchet — d'une période de transformation sociale ; rêve insensé d'un individu désaxé, une luxation dans le corps collectif. Et c'est avec un droit égal à celui dont use la philosophie de la solitude, que l'humanisme socialiste peut qualifier de mensonge et de bavardage, et même de mystification et d'éloquence trompeuse, de fuite devant l'essentiel et de déliquescence — l'angoisse de la mort et de la solitude.

Antinomie qui oppose le besoin de se sauver et de se satisfaire — Jacob et Esaü. Mais le vrai rapport entre salut et satisfaction n'est pas celui qu'aperçut l'idéalisme classique et que l'existentialisme moderne maintient malgré tout. Le salut ne requiert pas la satisfaction du besoin, comme une forme supérieure qui demanderait à s'assurer de la solidité de ses bases. Le train-train de notre vie quotidienne n'est certes pas une simple séquelle de notre animalité constamment dépassée par l'activité de l'esprit. Mais l'inquiétude du salut ne surgit pas non plus dans la douleur du besoin qui en serait la cause occasionnelle, comme si la pauvreté ou la condition du prolétaire était l'occasion d'entrevoir la porte du Royaume Céleste. Nous ne pensons pas que l'oppression dont la classe ouvrière est accablée, lui fasse faire uniquement une expérience pure de l'oppression pour réveiller en elle, par delà la libération économique, la nostalgie d'une libération métaphysique. La lutte révolutionnaire se trouve détournée de sa signification véritable et de son intention réelle quand elle sert simplement de base à la vie spirituelle ou quand, par ses crises, elle doit éveiller des vocations. La lutte économique est déjà de plain-pied une lutte pour le salut parce qu'elle est fondée dans la dialectique même de l'hypostase par laquelle se constitue la première liberté.

Il y a dans la philosophie de Sartre je ne sais quel présent angélique. Tout le poids de l'existence étant rejeté sur le passé, la liberté du présent se situe déjà au-dessus de la matière. En reconnaissant dans le présent même et dans sa liberté de surgissement tout le poids de la matière, nous voulons à la fois reconnaître à la vie matérielle et son triomphe sur l'anonymat de l'exister et le définitif tragique auquel par sa liberté même elle se lie.

En rattachant la solitude à la matérialité du sujet, la matérialité étant son enchaînement à soi-même, nous pouvons comprendre dans quel sens le monde et notre existence dans le monde constituent une démarche fondamentale du sujet pour surmonter le poids qu'il est à lui-même, pour surmonter sa matérialité, c'est-à-dire pour dénouer le lien entre le soi et le moi.

Le salut par le monde; les nourritures

Dans l'existence quotidienne, dans le monde, la structure matérielle du sujet se trouve, dans une certaine mesure, surmontée : entre le moi et le soi apparaît un intervalle. Le sujet identique ne retourne pas à soi immédiatement.

Depuis Heidegger nous sommes habitués à considérer le monde comme un ensemble d'outils. Exister dans le monde, c'est agir, mais agir de telle sorte qu'en fin de compte l'action a pour objet notre existence elle-même. Les outils renvoient les uns aux autres pour renvoyer enfin à notre souci d'exister. En appuyant sur le bouton d'une salle de bain, nous ouvrons le problème ontologique tout entier. Ce qui semble avoir échappé à Heidegger — s'il est vrai toutefois que quelque chose ait pu échapper à Heidegger en ces matières — c'est qu'avant d'être un système d'outils, le monde est un ensemble de nourritures. La vie de l'homme dans le monde ne va pas au delà des objets qui le remplissent. Il n'est peut-être pas juste de dire que nous vivons pour manger, mais il n'est pas plus juste de dire que nous mangeons pour vivre. La dernière finalité du manger est contenue dans l'aliment. Quand on respire une fleur, c'est à l'odeur que se limite la finalité de l'acte. Se promener, c'est prendre l'air, non pour la santé, mais pour l'air. Ce sont les nourritures qui caractérisent notre existence dans le monde. Existence extatique — être hors de soi — mais limitée par l'objet.

Relation avec l'objet qu'on peut caractériser par la jouissance. Toute jouissance est une manière d'être, mais aussi une sensation, c'est-à-dire lumière et connaissance. Absorption de l'objet, mais distance à l'égard de l'objet. Au jouir appartient essentiellement un savoir, une luminosité. Par là, le sujet, devant les nourritures qui s'offrent, est dans l'espace, à distance de tous les objets qui lui sont nécessaires pour exister. Alors que dans l'identité pure et simple de l'hypostase, le sujet s'embourbe en lui-même, dans le monde, à la place du retour à soi, il y a « rapport avec tout ce qui est nécessaire pour être ». Le sujet se sépare de lui-même. La lumière est la condition d'une telle possibilité. Dans ce sens notre vie quotidienne est déjà une manière de se libérer de la matérialité initiale par laquelle s'accomplit le sujet. Déjà elle contient un oubli de soi. La morale des « nourritures terrestres » est la première morale. La première abnégation. Pas la dernière, mais il faut passer par là. [3]

Transcendance de la lumière et de la raison

Mais l'oubli de soi, la luminosité de la jouissance ne rompt pas l'attachement irrémissible du moi au soi si l'on sépare cette lumière de l'événement ontologique de la matérialité du sujet où il a sa place et si, sous le nom de raison, on érige cette lumière en absolu. L'intervalle de l'espace donné par la lumière est instantanément absorbé par la lumière. La lumière est ce par quoi quelque chose est autre que moi, mais déjà comme s'il sortait de moi. L'objet éclairé est à la fois quelque chose qu'on rencontre, mais du fait même qu'il est éclairé, on le rencontre comme s'il sortait de nous [4]. Il n'a pas d'étrangeté foncière. Sa transcendance est enrobée dans l'immanence. C'est avec moi-même que je me retrouve dans la connaissance et dans la jouissance. L'extériorité de la lumière ne suffit pas à la libération du moi captif de soi.

La lumière et la connaissance nous apparurent à leur rang dans l'hypostase et dans la dialectique qu'elle apporte : une manière pour le sujet affranchi de l'anonymat de l'exister, mais rivé à lui-même de par son identité d'existant (c'est-à-dire matérialisé) de prendre distance par rapport à sa matérialité. Mais séparée de cet événement ontologique, séparée de la matérialité à laquelle d'autres dimensions de libération sont promises, la connaissance ne surmonte pas la solitude. La raison et la lumière par elles-mêmes, consomment la solitude de l'étant en tant qu'étant, accomplissent sa destinée d'être à tout le seul et unique point de repère.

En englobant le tout dans son universalité, la raison se retrouve elle-même dans la solitude. Le solipsisme n'est ni une aberration, ni un sophisme : c'est la structure même de la raison. Non point en raison du caractère « subjectif » des sensations qu'elle combine, mais en raison de l'universalité de la connaissance, c'est-à-dire de l'illimité de la lumière et de l'impossibilité pour aucune chose d'être en dehors. Par là la raison ne trouve jamais d'autre raison à qui parler. L'intentionalité de la conscience permet de distinguer le moi des choses, mais ne fait pas disparaître le solipsisme puisque son élément, la lumière, nous rend maître du monde extérieur, mais est incapable de nous y découvrir un pair. L'objectivité du savoir rationnel n'enlève rien au caractère solitaire de la raison. Le retournement possible de l'objectivité en subjectivité est le thème même de l'idéalisme qui est une philosophie de la raison. L'objectivité de la lumière, c'est la subjectivité elle-même. Tout objet peut être dit en termes de conscience, c'est-à-dire être mis en lumière.

La transcendance de l'espace ne saurait être assurée comme réelle que si elle est fondée sur une transcendance sans retour au point de départ. La vie ne saurait devenir le chemin de la rédemption que si dans sa lutte avec la matière, elle rencontre un événement qui empêche sa transcendance quotidienne de retomber sur un point, toujours le même. Pour apercevoir cette transcendance qui soutient celle de la lumière, qui prête au monde extérieur une extériorité réelle, il faut revenir à la situation concrète où la lumière est donnée dans la jouissance, c'est-à-dire à l'existence matérielle.

III

Nous nous sommes occupés du sujet seul; seul du fait même qu'il est existant. La solitude du sujet tient à sa relation avec l'exister, dont il est le maître. Cette maîtrise sur l'exister est le pouvoir de commencer, de partir de soi; partir de soi non pas pour agir, non pas pour penser, mais pour être.

Nous avons montré ensuite que la libération à l'égard de l'exister anonyme dans l'existant devient un enchaînement à soi, l'enchaînement même de l'identification. Concrètement, la relation de l'identification est l'encombrement du moi par le soi, le souci que le moi prend de soi, ou la matérialité. Abstraction faite de toute relation avec un avenir ou avec un passé, le sujet s'impose à soi, et cela, dans la liberté même de son présent. Sa solitude n'est pas initialement le fait qu'il est sans secours, mais qu'il est jeté en pâture à lui-même, qu'il s'embourbe en lui-même. C'est cela, la matérialité. Aussi dans l'instant même de la transcendance du besoin, plaçant le sujet en face des nourritures, en face du monde comme nourriture, lui offre-t-elle une libération à l'égard de lui-même. Le monde offre au sujet la participation à l'exister sous forme de jouissance, lui permet par conséquent d'exister à distance de soi. Il est absorbé dans l'objet qu'il absorbe, et garde cependant une distance à l'égard de cet objet. Toute jouissance est aussi sensation, c'est-à-dire connaissance, et lumière. Non point disparition de soi, mais oubli de soi et comme une première abnégation.

Le travail

Mais cette transcendance instantanée par l'espace ne fait pas sortir de la solitude. La lumière qui permet de rencontrer autre chose que soi, la fait rencontrer comme si cette chose sortait déjà de moi. La lumière, la clarté, c'est l'intelligibilité même, elle fait tout venir de moi, elle ramène toute expérience à un élément de réminiscence. La raison est seule. Et dans ce sens, la connaissance ne rencontre jamais dans le monde quelque chose de véritablement autre. C'est là la profonde vérité de l'idéalisme. Par là s'annonce une différence radicale entre l'extériorité spatiale et l'extériorité des instants, les uns par rapport aux autres.

Dans le concret du besoin, l'espace qui nous éloigne de nous-mêmes, est toujours à conquérir. Il faut le franchir, il faut prendre l'objet, c'est-à-dire il faut travailler de ses mains. Dans ce sens, « qui ne travaille pas, ne mange pas » est une proposition analytique. Les outils et la fabrication des outils poursuivent l'idéal chimérique de la suppression des distances. Dans la perspective qui s'ouvre sur l'outil à partir de l'outil moderne, — la machine, — on est frappé beaucoup plus par sa fonction qui consiste à supprimer le travail que par sa fonction d'instrument que Heidegger a envisagée exclusivement.

Or, dans le travail, — c'est-à-dire dans l'effort, dans sa peine, et dans sa douleur, — le sujet retrouve le poids de l'existence qu'implique sa liberté même d'existant. La peine et la douleur, voilà les phénomènes auxquels se réduit en dernier lieu la solitude de l'existant et que nous allons examiner maintenant.

La souffrance et la mort

Dans la peine, dans la douleur, dans la souffrance, nous retrouvons, à l'état de pureté, le définitif, qui constitue la tragédie de la solitude. Définitif que l'extase de la jouissance n'arrive pas à surmonter. Deux points à souligner : c'est dans la douleur du besoin et du travail, et non pas dans l'angoisse du néant, que nous allons poursuivre l'analyse de la solitude ; c'est sur la douleur appelée, à la légère, physique que nous allons insister, car en elle l'engagement dans l'existence est sans aucune équivoque. Alors que dans la douleur morale on peut conserver une attitude de dignité et de componction et par conséquent déjà se libérer, la souffrance physique, à tous ses degrés, est une impossibilité de se détacher de l'instant de l'existence. Elle est l'irrémissibilité même de l'être. Le contenu de la souffrance se confond avec l'impossibilité de se détacher de la souffrance. Et ce n'est pas définir la souffrance par la souffrance, mais insister sur l'implication *sui generis* qui en constitue l'essence. Il y a dans la souffrance une absence de tout refuge. Elle est le fait d'être directement exposé à l'être. Elle est faite de l'impossibilité de fuir et de reculer. Toute l'acuité de la souffrance est dans cette impossibilité de recul.

Elle est le fait d'être acculé à la vie et à l'être. Dans ce sens, la souffrance est l'impossibilité du néant.

Mais il y a dans la souffrance, en même temps que l'appel à un néant impossible, la proximité de la mort. Il n'y a pas seulement le sentiment et le savoir que la souffrance peut aboutir à la mort. La douleur en elle-même comporte comme un paroxysme, comme si quelque chose de plus déchirant encore que la souffrance allait se produire, comme si malgré toute absence de dimension de repli qui constitue la souffrance, il y avait encore un terrain libre pour un événement, comme s'il fallait encore s'inquiéter de quelque chose, comme si nous étions à la veille d'un événement au delà de celui qui est jusqu'au bout dévoilé dans la souffrance. La structure de la douleur qui consiste dans son attachement même à la douleur, se prolonge encore, mais jusqu'à un inconnu qu'il est impossible de traduire en termes de lumière, c'est-à-dire qui est réfractaire à cette intimité de soi à moi à laquelle retournent toutes nos expériences. L'inconnu de la mort qui ne se donne pas d'emblée comme néant, mais qui est corrélatif d'une expérience de l'impossibilité du néant signifie non pas que la mort est une région dont personne n'est revenu et qui par conséquent demeure, en fait, inconnue ; l'inconnu de la mort signifie que la relation même avec la mort ne peut se faire dans la lumière ; que le sujet est en relation avec ce qui ne vient pas de lui. Nous pourrions dire qu'il est en relation avec le mystère.

Cette façon pour la mort de s'annoncer dans la souffrance, en dehors de toute lumière, est une expérience de la passivité du sujet qui jusqu'alors a été actif, qui demeurait actif même quand il était débordé par sa propre nature, mais réservait sa possibilité d'assumer son état de fait. Je dis : une expérience de la passivité. Façon de parler, car expérience signifie toujours déjà connaissance, lumière et initiative ; car expérience signifie aussi retour de l'objet vers le sujet. La mort comme mystère tranche sur l'expérience ainsi comprise. Dans le savoir, toute passivité est, par l'intermédiaire de la lumière, activité. L'objet que je rencontre est compris et, somme toute, construit par moi, alors que la mort annonce un événement dont le sujet n'est pas le maître, un événement par rapport auquel le sujet n'est plus sujet.

Notons tout de suite ce que cette analyse de la mort dans la souffrance présente de particulier, par rapport aux célèbres analyses heideggeriennes de l'*être pour la mort*. L'être pour la mort, dans l'existence authentique de Heidegger, est une lucidité suprême et, par là, une virilité suprême. C'est l'assomption de la dernière possibilité de l'existence par le *Dasein*, qui rend précisément possibles toutes les autres possibilités [5], qui rend par conséquent possible le fait même de saisir une possibilité, c'est-à-dire l'activité et la liberté. La mort est, chez Heidegger, événement de liberté, alors que, dans la souffrance, le sujet nous semble arriver à la limite du possible. Il se trouve enchaîné, débordé et en quelque manière passif. La mort est dans ce sens la limite de l'idéalisme.

Je me demande même comment le trait principal de notre relation avec la mort a pu échapper à l'attention des philosophes. Ce n'est pas du néant de la mort dont précisément nous ne savons rien que l'analyse doit partir, mais d'une situation où quelque chose d'absolument inconnaissable apparaît ; absolument inconnaissable, c'est-à-dire étranger à toute lumière, rendant impossible toute assomption de possibilité, mais où nous-mêmes sommes saisis.

La mort et l'avenir

C'est pourquoi la mort n'est jamais un présent. C'est un truisme. L'adage antique destiné à dissiper la crainte de la mort : Si tu es, elle n'est pas ; si elle est, tu n'es pas, — méconnaît sans doute tout le paradoxe de la mort, puisqu'il efface notre relation avec la mort qui est une relation unique avec l'avenir. Mais du moins cet adage insiste-t-il sur cet éternel avenir de la mort. Le fait qu'elle déserte tout présent ne tient pas à notre évasion devant la mort et à un impardonnable divertissement à l'heure suprême, mais au fait que la mort est *insaisissable*, qu'elle marque la fin de la virilité et de l'héroïsme du sujet. Le maintenant, c'est le fait que je suis maître, maître du possible, maître de saisir le possible. La mort n'est jamais maintenant. Quand la mort est là, je ne suis plus là, non point parce que je suis néant, mais parce que je ne suis pas à même de saisir. Ma maîtrise, ma virilité, mon héroïsme de sujet ne peut être virilité ni héroïsme par rapport à la mort. Il y a dans la souffrance au sein de laquelle nous avons saisi ce voisinage de la mort — et encore sur le plan du phénomène — ce retournement de l'activité du sujet en passivité. Non point dans l'instant de souffrance où, acculé à l'être, je le saisis encore, où je suis encore sujet de la souffrance, mais dans le pleur et le sanglot, vers lesquels la souffrance s'invertit ; là où la souffrance atteint à sa pureté, où il n'y a plus rien entre nous et elle, la suprême responsabilité de cette assomption extrême tourne en suprême irresponsabilité, en enfance. C'est cela le sanglot et par là précisément il annonce la mort. Mourir, c'est revenir à cet état d'irresponsabilité, c'est être la secousse enfantine du sanglot.

Vous me permettrez de revenir encore une fois à Shakespeare, dont j'ai abusé au cours de ces conférences. Mais il me semble parfois que toute la philosophie n'est qu'une méditation de Shakespeare. Le héros de la tragédie n'assume-t-il pas la mort ? Je me permettrai d'analyser très brièvement la fin de Macbeth. Macbeth apprend que la forêt de Birnam marche sur le château de Dunsinane, et c'est le signe de la défaite : la mort approche. Quand ce signe se réalise, Macbeth dit : « Souffle, vent ! Viens, naufrage ! » Mais tout de suite après : « Sonne la cloche d'alarme, etc... Nous mourrons au moins notre harnais sur le dos ». Avant la mort, il y aura combat. Le second signe de la défaite ne s'est pas encore produit. Les sorcières n'avaient-elles pas prédit qu'un homme né d'une femme ne pouvait rien contre Macbeth ? Mais voici Macduff qui n'est pas né d'une femme. La mort est pour maintenant. « Maudite soit la langue qui me parle ainsi, crie Macbeth à Macduff qui lui apprend sa puissance sur lui, car elle a découragé la meilleure partie de l'homme que je suis... Je ne combattrai pas avec toi. »

Voilà cette passivité, quand il n'y a plus d'espoir. Voilà ce que j'ai appelé la fin de la virilité. Mais immédiatement l'espoir renaît, et voici les derniers mots de Macbeth :

« Bien que le bois de Birnam soit venu à Dunsinane et que je t'aie en face de moi, toi qui n'es pas né de la femme, j'essayerai cependant ma dernière chance. »

Il y a, avant la mort, toujours une dernière chance, que le héros saisit, et non pas la mort. Le héros est celui qui aperçoit toujours une dernière chance ; c'est l'homme qui s'obstine à trouver des chances. La mort n'est donc jamais assumée ; elle vient. Le suicide est un concept contradictoire. L'éternelle imminence de la mort fait partie de son essence. Dans le présent où la maîtrise du sujet s'affirme, il y a espoir. L'espoir ne s'ajoute pas à la mort par une espèce de *salto-mortale*, par une espèce d'inconséquence ; il est dans la marge même qui, au moment de la mort, est donnée au sujet qui va mourir. *Spiro-spero*. De cette impossibilité d'assumer la mort, *Hamlet* précisément est un long témoignage. Le néant est impossible. C'est lui qui aurait laissé à l'homme la possibilité d'assumer la mort d'arracher à la servitude de l'existence une suprême maîtrise. « To be or not to be » est une prise de conscience de cette impossibilité de s'anéantir.

L'événement et l'autre

Que pouvons-nous tirer de cette analyse de la mort ? Elle devient la limite de la virilité du sujet, de cette virilité qui par l'hypostase a été rendue possible au sein de l'être anonyme, et qui s'est manifestée dans le phénomène du présent, dans la lumière. Non point qu'il existe des entreprises impossibles au sujet, que ses pouvoirs soient en quelque manière finis ; la mort n'annonce pas une réalité contre laquelle nous ne pouvons rien, contre laquelle notre puissance est insuffisante ; des réalités dépassant nos forces surgissent déjà dans le monde de la lumière. Ce qui est important à l'approche de la mort, c'est qu'à un certain moment nous ne *pouvons plus pouvoir* ; c'est en cela justement que le sujet perd sa maîtrise même de sujet.

Cette fin de maîtrise indique que nous avons assumé l'exister de telle manière qu'il peut nous arriver un *événement* que nous n'assumons plus, pas même de la façon dont, toujours submergé par le monde empirique, nous l'assumons par la vision. Un événement nous arrive sans que nous ayons absolument rien « a priori », sans que nous puissions avoir le moindre projet, comme cela se dit aujourd'hui. La mort, c'est l'impossibilité d'avoir un projet. Cette approche de la mort indique que nous sommes en relation avec quelque chose qui est absolument autre, quelque chose portant l'altérité, non pas comme une détermination provisoire, que nous pouvons assimiler par la jouissance, mais quelque chose dont l'existence même est faite d'altérité. Ma solitude ainsi n'est pas confirmée par la mort, mais brisée par la mort.

Par là, disons-le tout de suite, l'existence est pluraliste. Le pluriel n'est pas ici une multiplicité d'existants, il apparaît dans l'exister même. Dans l'exister même de l'existant, jusqu'alors jalousement assumé par le sujet seul et manifesté par la souffrance, s'insinue une pluralité. Dans la mort, l'exister de l'existant s'aliène. Certes, l'Autre qui s'annonce ne possède pas cet exister, comme le possède le sujet ; son emprise sur mon exister est mystérieuse ; non pas inconnue, mais inconnaissable, réfractaire à toute lumière. Mais cela indique précisément que l'autre n'est en aucune façon un autre moi-même, participant avec moi à une existence commune. La relation avec l'autre n'est pas une idyllique et harmonieuse relation de communion, ni une sympathie par laquelle nous mettant à sa place, nous le reconnaissons comme semblable à nous, mais extérieur à nous ; la relation avec l'autre est une relation avec un Mystère. C'est son extériorité, ou plutôt son altérité, car l'extériorité est une propriété de l'espace et ramène le sujet à lui-même par la lumière, qui constitue tout son être.

Par conséquent, seul un être arrivé à la crispation de sa solitude par la souffrance et à la relation avec la mort, se place sur un terrain où la relation avec l'autre devient possible. Relation avec l'autre qui ne sera jamais le fait de saisir une possibilité. Il faudrait la caractériser en des termes qui tranchent sur les relations qui décrivent la lumière. Je pense que la relation érotique nous en fournit le prototype. L'Eros, fort comme la mort, nous fournira la base de l'analyse de cette relation avec le mystère. A condition de l'exposer dans des termes tout à fait différents de ceux du platonisme qui est un monde de la lumière.

Mais il est possible de tirer de cette situation de la mort, où le sujet n'a plus aucune possibilité à saisir, un autre caractère de l'existence avec l'autre. Ce qui n'est en aucune façon saisi, c'est l'avenir ; l'extériorité de l'avenir est totalement différente de l'extériorité spatiale par le fait précisément que l'avenir est absolument surprenant. L'anticipation de l'avenir, la projection de l'avenir, accréditées comme l'essentiel du temps par toutes les théories de Bergson à Sartre, ne sont que le présent de l'avenir et non pas l'avenir authentique ; l'avenir, c'est ce qui n'est pas saisi, ce qui tombe sur nous et s'empare de nous. L'avenir, c'est l'autre. La relation avec l'avenir, c'est la relation même avec l'autre. Parler de temps dans un sujet seul, parler d'une durée purement personnelle, nous semble impossible.

Autre et autrui

Nous venons de montrer dans la mort la possibilité de l'événement. Et nous avons opposé cette possibilité de l'événement où le sujet n'est plus maître de l'événement, à la possibilité de l'objet dont le sujet est toujours le maître et avec lequel, en somme, il est toujours seul. Nous avons caractérisé cet événement comme mystère, précisément parce qu'il ne pouvait être anticipé, c'est-à-dire saisi ; qu'il ne pouvait entrer dans un présent ou qu'il y entrait comme ce qui n'y entre pas. Mais la mort ainsi annoncée comme autre, comme aliénation de mon existence, est-elle encore *ma* mort ? Si elle ouvre une issue à la solitude, ne va-t-elle pas simplement écraser cette solitude, écraser la subjectivité même ? Il y a en effet dans la mort un abîme entre l'événement et le sujet auquel il arrivera. L'événement qui ne peut être saisi, comment peut-il encore arriver à moi ? Quelle peut être la relation de l'autre avec l'étant, avec l'existant ? Comment l'existant peut-il exister comme mortel et cependant persévérer dans sa « personnalité », conserver sa conquête sur l' « il y a » anonyme, sa maîtrise du sujet, sa conquête de la subjectivité ? L'étant peut-il entrer en relation avec l'autre sans laisser écraser par l'autre son soi-même ?

Cette question doit être posée d'abord, parce que c'est le problème même de la conservation du moi dans la transcendance. Si la sortie de la solitude doit être autre chose que l'absorption du moi dans le terme vers lequel il se projette, et si, d'autre part, le sujet ne peut pas assumer la mort, comme il assume l'objet, sous quelle forme peut se faire cette conciliation entre le moi et la mort ? Comment le moi peut-il tout de même assumer la mort sans cependant l'assumer comme une possibilité ? Si en face de la mort on ne peut plus pouvoir, comment peut-on encore rester soi devant l'événement qu'elle annonce ?

Le même problème est impliqué dans une description fidèle du phénomène même de la mort. Le pathétique de la douleur ne consiste pas seulement dans l'impossibilité de fuir l'exister, d'y être acculé, mais aussi dans l'effroi de sortir de cette relation de lumière dont la mort annonce la transcendance. Nous préférons comme Hamlet cette existence connue à l'existence inconnue. Comme si l'aventure dans laquelle l'existant est entré par l'hypostase était son seul recours, le seul refuge contre ce qu'il y a d'intolérable dans cette aventure. Il y a dans la mort la tentation du néant de Lucrèce, et le désir de l'éternité de Pascal. Ce ne sont pas deux attitudes distinctes : nous voulons à la fois mourir et être.

Le problème ne consiste pas à arracher une éternité à la mort, mais à permettre de l'accueillir, de conserver au moi, au milieu d'une existence où un événement lui arrive, la liberté acquise par l'hypostase. Situation que l'on peut appeler la tentative de vaincre la mort où, à la fois, l'événement arrive et où cependant le sujet sans l'accueillir, comme on accueille une chose, un objet, fait face à l'événement.

Nous venons de décrire une situation dialectique. Nous allons maintenant montrer une situation concrète où cette dialectique s'accomplit. Méthode sur laquelle il nous est impossible de nous expliquer longuement ici et à laquelle nous avons constamment recours. On voit en tout cas qu'elle n'est pas phénoménologique jusqu'au bout.

Cette situation où l'événement arrive à un sujet qui ne l'assume pas, qui ne peut rien pouvoir à son égard, mais où cependant il est en face de lui d'une certaine façon, c'est la relation avec autrui, le face-à-face avec autrui, la rencontre d'un visage qui, à la fois, donne et dérobe autrui. L'autre « assumé » — c'est autrui.

Je dirai dans ma dernière conférence la signification de cette rencontre.

J'espère pouvoir montrer cette relation comme entièrement différente de ce qu'on nous propose tant du côté existentialiste que du côté marxiste. Aujourd'hui, je voudrais du moins indiquer la référence du temps lui-même à cette situation de face-à-face avec autrui.

L'avenir que donne la mort, l'avenir de l'événement n'est pas encore le temps. Car cet avenir qui n'est à personne, cet avenir que l'homme ne peut pas assumer, pour devenir un élément du temps doit tout de même entrer en relation avec le présent. Quel est le lien entre les deux instants, qui ont entre eux tout l'intervalle, tout l'abîme qui sépare le présent et la mort, cette marge à la fois insignifiante mais à la fois infinie où il y a toujours assez de place pour l'espoir ? Ce n'est certainement pas une relation de pure contiguïté qui transformerait le temps en espace, mais ce n'est pas non plus l'élan du dynamisme et de la durée, puisque pour le présent ce pouvoir d'être au delà de lui-même et d'empiéter sur l'avenir nous semble précisément exclu par le mystère même de la mort.

La relation avec l'avenir, la présence de l'avenir dans le présent semble encore s'accomplir dans le face-à-face avec autrui. La situation de face-à-face serait l'accomplissement même du temps ; l'empiétement du présent sur l'avenir n'est pas le fait d'un sujet seul, mais la relation intersubjective. La condition du temps est dans le rapport entre humains ou dans l'histoire.

IV

Dans la dernière conférence, j'étais parti de la souffrance comme événement où l'existant est arrivé à accomplir toute sa solitude, c'est-à-dire toute l'intensité de son lien avec lui-même, et tout le définitif de son identité, et à la fois où il se trouve en relation avec l'événement qu'il n'assume pas, à l'égard duquel il est pure passivité, qui est absolument autre, à l'égard duquel il ne peut plus pouvoir. Ce futur de la mort détermine pour nous l'avenir, l'avenir dans la mesure où il n'est pas présent. Il détermine ce qui dans l'avenir tranche sur toute anticipation, sur toute projection, sur tout élan. Partir d'une telle notion de l'avenir pour comprendre le temps, c'est ne jamais plus rencontrer le temps comme une « image mobile de l'éternité immobile ».

Quand on enlève au présent toute anticipation, l'avenir perd toute conaturalité avec le présent. Il n'est pas enfoui au sein d'une éternité préexistante, où nous viendrions le prendre. Il est absolument autre et nouveau. Et c'est ainsi qu'on peut comprendre la réalité même du temps, l'absolue impossibilité de trouver dans le présent l'équivalent de l'avenir, le manque de toute prise sur l'avenir.

Certes, la conception bergsonienne de la liberté par la durée tend au même but. Mais elle conserve au présent un pouvoir sur l'avenir : la durée est création. Il ne suffit pas pour critiquer cette philosophie sans mort de la situer dans tout le courant de la philosophie moderne qui fait de la création l'attribut principal de la créature. Il s'agit de montrer que la création elle-même suppose une ouverture sur un mystère. L'identité du sujet par elle-même est incapable de la donner. Pour soutenir cette thèse nous avons insisté sur l'exister anonyme et irrémissible qui constitue comme un univers plein, sur l'hypostase qui aboutit à la maîtrise d'un existant sur l'exister, mais qui par là même s'enferme dans le définitif de l'identité que sa transcendance spatiale ne défait pas. Il ne s'agit pas de contester le fait de l'anticipation auquel les descriptions bergsoniennes de la durée nous ont habitués ; il s'agit d'en montrer les conditions ontologiques ; elles sont le fait plutôt que l'œuvre d'un sujet en relation avec le mystère, lequel est, si l'on peut dire, la dimension même qui s'ouvre à un sujet enfermé en lui-même. C'est précisément la raison pour laquelle l'œuvre du temps est profonde. Elle n'est pas simplement le renouvellement par la création : celle-ci reste accrochée au présent, ne donne au créateur que la tristesse de Pygmalion. Plus que le renouvellement de nos états d'âme, de nos qualités, le temps est essentiellement une nouvelle naissance.

Pouvoir et relation avec autrui

Je vais en reprendre la description. L'avenir de la mort, son étrangeté ne laisse au sujet aucune initiative. Il y a un abîme entre le présent et la mort, entre le moi et l'altérité du mystère. Ce n'est pas sur le fait que la mort arrête l'existence, qu'elle est fin et néant, que nous avons insisté, mais sur le fait que le moi est en face d'elle absolument sans initiative. Vaincre la mort n'est pas un problème de vie éternelle. Vaincre la mort, c'est entretenir avec l'altérité de l'événement une relation qui doit être encore personnelle.

Quelle est donc cette relation personnelle, autre chose que le pouvoir du sujet sur le monde, et préservant cependant la personnalité ? Comment du sujet peut-on donner une définition qui réside en quelque manière dans sa passivité ? Y a-t-il dans l'homme une autre maîtrise que cette virilité, que ce *pouvoir de pouvoir*, de saisir le possible ? Si nous la trouvons, c'est en elle, en cette relation, que consistera le lieu même du temps. J'ai dit la dernière fois que cette relation, c'est la relation avec autrui.

Mais la solution ne consiste pas à répéter les termes du problème. Il s'agit de préciser quelle peut être cette relation avec autrui. On m'a objecté que dans ma relation avec autrui, ce n'est pas seulement son avenir que je rencontre, que l'autre comme existant a déjà un passé pour moi et que, par conséquent, il n'a pas le privilège de l'avenir. Cela me permettra d'aborder la partie principale de mon développement d'aujourd'hui. Je ne définis pas l'autre par l'avenir, mais l'avenir par l'autre, puisque l'avenir même de la mort a consisté dans son altérité totale. Mais ma réponse principale consistera à dire que la relation avec l'autre prise au niveau de notre civilisation est une complication de notre relation originelle ; complication nullement contingente, fondée elle-même dans la dialectique intérieure de la relation avec autrui. Je ne pourrai pas la développer aujourd'hui. Je dirai simplement que cette dialectique apparaît quand on pousse plus loin toutes les implications de l'hypostase traitées très schématiquement jusqu'ici, et en particulier, quand on montre à côté de la transcendance vers le monde, la transcendance de l'expression qui fonde la contemporanéité de la civilisation et la mutualité de toute relation. Mais cette transcendance de l'expression suppose elle-même l'avenir de l'altérité à laquelle je me limiterai cette fois-ci.

Si la relation avec l'autre comporte plus que des relations avec le mystère, c'est qu'on a abordé l'autre dans la vie courante où sa solitude et son altérité foncière sont déjà voilées par la décence. L'un est pour l'autre ce que l'autre est pour lui ; il n'y a pas pour le sujet de place exceptionnelle. L'autre est connu par la sympathie, comme un autre moi-même, comme l'alter ego. Dans le roman de Blanchot, *Aminadab*, cette situation est poussée jusqu'à l'absurde. Entre les personnes qui circulent dans la maison étrange où se passe l'action, où il n'y a aucune œuvre à poursuivre, où elles demeurent seulement, c'est-à-dire elles existent, cette relation sociale devient la réciprocité totale. Les êtres ne sont pas interchangeables, mais réciproques, ou plutôt ils sont interchangeables parce qu'ils sont réciproques. Et dès lors la relation avec l'autre devient impossible.

Mais déjà, au sein même de la relation avec l'autre qui caractérise notre vie sociale, l'altérité apparaît comme relation non réciproque, c'est-à-dire comme tranchant sur la contemporanéité. Autrui en tant qu'autrui n'est pas seulement un alter ego ; il est ce que moi, je ne suis pas. Il l'est non pas en raison de son caractère, ou de sa physionomie, ou de sa psychologie, mais en raison de son altérité même. Il est, par exemple, le faible, le pauvre, « la veuve et l'orphelin », alors que moi je suis le riche ou le puissant. On peut dire que l'espace intersubjectif n'est pas symétrique. L'extériorité de l'autre n'est pas simplement due à l'espace qui sépare ce qui par le concept demeure identique, ni à une différence quelconque selon le concept qui se manifesterait par l'extériorité spatiale. La relation de l'altérité n'est ni spatiale, ni conceptuelle. Durkheim a méconnu la spécificité de l'autre quand il demande en quoi autrui plutôt que moi-même est l'objet d'une action vertueuse. Entre la charité et la justice la différence essentielle ne tient-elle pas à la préférence de la charité pour l'autre, alors même qu'au point de vue de la justice aucune préférence n'est plus possible ?

L'Eros

Ce sont dans la vie civilisée les traces de cette relation avec l'autre qu'il faut rechercher dans sa forme originelle. Existe-t-il une situation où l'altérité de l'autre apparaît dans sa pureté ? Existe-t-il une situation où l'autre n'aurait pas seulement l'altérité comme l'envers de son identité, n'obéirait pas seulement à la loi platonicienne de la participation où tout terme contient du même et par là même contient de l'autre ? N'y aurait-il pas une situation où l'altérité serait portée par un être à titre positif, comme essence ? Quelle est l'altérité qui n'entre pas purement et simplement dans l'opposition des deux espèces du même genre ? Je pense que le contraire absolument contraire, dont la contrariété n'est affectée en rien par la relation qui peut s'établir entre lui et son corrélatif, la contrariété qui permet au terme de demeurer absolument autre, c'est le *féminin*.

Le sexe n'est pas une différence spécifique quelconque. Il se situe à côté de la division logique en genres et en espèces. Cette division n'arrive certes jamais à rejoindre un contenu empirique. Mais ce n'est pas dans ce sens-là qu'elle ne permet pas de rendre compte de la différence de sexes. La différence de sexes est une structure formelle, mais qui découpe la réalité dans un autre sens et conditionne la possibilité même de la réalité comme multiple, contre l'unité de l'être proclamée par Parménide.

La différence de sexes n'est pas non plus une contradiction. La contradiction de l'être et du néant conduit l'un à l'autre, ne laisse pas de place à la distance. Le néant se convertit en être, ce qui nous a amenés à la notion d' « il y a ». La négation de l'être se fait sur le plan de l'exister anonyme de l'être en général.

La différence de sexes n'est pas non plus la dualité de deux termes complémentaires, car deux termes complémentaires supposent un tout préexistant. Or, dire que la dualité sexuelle suppose un tout, c'est d'avance poser l'amour comme fusion. Le pathétique de l'amour consiste dans une dualité insurmontable des êtres. C'est une relation avec ce qui se dérobe à jamais. La relation ne neutralise pas *ipso facto* l'altérité, mais la conserve. Le pathétique de la volupté est dans le fait d'être deux. L'autre en tant qu'autre n'est pas ici un objet qui devient nôtre ou qui devient nous ; il se retire au contraire dans son mystère. Ce mystère du féminin — du féminin, autre essentiellement — ne se réfère pas non plus à quelque romantique notion de la femme mystérieuse, inconnue ou méconnue. Si, bien entendu, pour soutenir la thèse de la position exceptionnelle du féminin dans l'économie de l'être, je me réfère volontiers aux grands thèmes de

Gœthe ou de Dante, à Béatrice et à l'Ewig Weibliches, au culte de la *Femme* dans la chevalerie et dans la société moderne (qui ne s'explique certainement pas uniquement par la nécessité de prêter main-forte au sexe faible), si, d'une manière plus précise, je pense aux pages admirablement hardies de Léon Bloy, dans ses *Lettres à sa Fiancée*, je ne veux pas ignorer les prétentions légitimes du féminisme qui supposent tout l'acquis de la civilisation. Je veux dire simplement que ce mystère ne doit pas être compris dans le sens éthéré d'une certaine littérature ; que dans la matérialité la plus brutale, la plus éhontée ou la plus prosaïque de l'apparition du féminin, ni son mystère, ni sa pudeur ne sont abolis. La profanation n'est pas une négation du mystère, mais l'une des relations possibles avec lui.

Ce qui m'importe dans cette notion du féminin, ce n'est pas seulement l'inconnaissable, mais un mode d'être qui consiste à se dérober à la lumière. Le féminin est dans l'existence un événement différent de celui de la transcendance spatiale ou de l'expression qui vont vers la lumière. C'est une fuite devant la lumière. La façon d'exister du féminin est de se cacher, et ce fait de se cacher est précisément la pudeur. Aussi cette altérité du féminin ne consiste-t-elle pas en une simple extériorité d'objet. Elle n'est pas faite non plus d'une opposition de volontés. L'autre n'est pas un être que nous rencontrons, qui nous menace ou qui veut s'emparer de nous. Le fait d'être réfractaire à notre pouvoir n'est pas une puissance plus grande que la nôtre. C'est l'altérité qui fait toute sa puissance. Son mystère constitue son altérité. Remarque fondamentale : je ne pose pas autrui initialement comme liberté, caractéristique dans laquelle est inscrit d'avance l'échec de la communication. Car avec une liberté il ne peut y avoir d'autre relation que celle de la soumission et de l'asservissement. Dans les deux cas, l'une des deux libertés est anéantie. La relation entre maître et esclave peut être saisie au niveau de la lutte, mais alors elle devient réciproque. Hegel a montré précisément comment le maître devient l'esclave de l'esclave et l'esclave le maître du maître.

En posant l'altérité d'autrui comme mystère défini lui-même par la pudeur, je ne la pose pas comme liberté identique à la mienne et aux prises avec la mienne, je ne pose pas un autre existant en face de moi, je pose l'altérité. Tout comme pour la mort, ce n'est pas à un existant que nous avons affaire, mais à l'événement de l'altérité, à l'aliénation. Ce n'est pas la liberté qui caractérise l'autre initialement, dont ensuite se déduira l'altérité ; c'est l'altérité que l'autre porte comme essence. Et c'est pourquoi nous avons cherché cette altérité dans la relation absolument originale de l'eros, relation qu'il est impossible de traduire en pouvoirs et qu'il ne faut pas traduire ainsi, si on ne veut pas fausser le sens de la situation.

Nous décrivons donc une catégorie qui ne rentre pas dans l'opposition être-néant, ni dans la notion d'existant. Elle est un événement dans l'exister différente de l'hypostase par laquelle surgit un existant. Alors que l'existant s'accomplit dans le « subjectif » et dans la « conscience », l'altérité s'accomplit dans le féminin. Terme du même rang, mais de sens opposé à la conscience. Le féminin ne s'accomplit pas comme *étant* dans une transcendance vers la lumière, mais dans la pudeur.

Le mouvement est donc ici inverse. La transcendance du féminin consiste à se retirer ailleurs, mouvement opposé au mouvement de la conscience. Mais il n'est pas pour cela inconscient ou subconscient, et je ne vois pas d'autre possibilité que de l'appeler mystère.

Alors qu'en posant autrui comme liberté, en le pensant en termes de lumière, nous sommes obligés d'avouer l'échec de la communication, nous n'avons avoué que l'échec du mouvement qui tend à saisir ou à posséder une liberté. C'est seulement en montrant ce par quoi l'eros diffère de la possession et du pouvoir, que nous pouvons admettre une communication dans l'eros. Il n'est ni une lutte, ni une fusion, ni une connaissance. Il faut reconnaître sa place exceptionnelle parmi les relations. C'est la relation avec l'altérité, avec le mystère, c'est-à-dire avec l'avenir, avec ce qui dans un monde, où tout est là, n'est jamais là avec ce qui peut ne pas être là quand tout est là. Non pas avec un être qui n'est pas là, mais avec la dimension même de l'altérité. Là où tous les possibles sont impossibles, là où on ne peut plus pouvoir, le sujet est encore sujet par l'eros. L'amour n'est pas une possibilité, il n'est pas dû à notre initiative, il est sans raison, il nous envahit et nous blesse et cependant le *je* survit en lui.

Une phénoménologie de la volupté, que je ne vais qu'effleurer ici, — la volupté n'est pas un plaisir comme un autre, parce qu'elle n'est pas un plaisir solitaire comme le manger et le boire, — semble confirmer nos vues sur le rôle et la place exceptionnelle du féminin, et sur l'absence de toute fusion dans l'érotique.

La caresse est un mode d'être du sujet, où le sujet dans le contact d'un autre va au delà de ce contact. Le contact en tant que sensation fait partie du monde de la lumière. Mais ce qui est caressé n'est pas touché à proprement parler. Ce n'est pas le velouté ou la tiédeur de cette main donnée dans le contact que cherche la caresse. Cette recherche de la caresse en constitue l'essence par le fait que la caresse ne sait pas ce qu'elle cherche. Ce « ne pas savoir », ce désordonné fondamental en est l'essentiel. Elle est comme un jeu avec quelque chose qui se dérobe, et un jeu absolument sans projet ni plan, non pas avec ce qui peut devenir nôtre et nous, mais avec quelque chose d'autre, toujours autre, toujours inaccessible, toujours à venir. La caresse est l'attente de cet avenir pur, sans contenu. Elle est faite de cet accroissement de faim, de promesses toujours plus riches, ouvrant des perspectives nouvelles sur l'insaisissable. Elle s'alimente de faims innombrables. Cette intentionalité de la volupté, intentionalité unique de l'avenir lui-même, et non pas attente d'un fait futur, a toujours été méconnue par l'analyse philosophique. Freud lui-même ne dit pas de la libido beaucoup plus que sa recherche du plaisir, prenant le plaisir comme simple contenu, à partir duquel on commence l'analyse, mais qu'on n'analyse pas lui-même. Freud ne cherche pas la signification de ce plaisir dans l'économie générale de l'être. Notre thèse qui consiste à affirmer la volupté comme l'événement même de l'avenir, l'avenir pur de tout contenu, le mystère même de l'avenir, cherche à rendre compte de sa place exceptionnelle.

Peut-on caractériser ce rapport avec l'autre par l'Eros comme un échec ? Encore une fois, oui, si l'on adopte la terminologie des descriptions courantes, si on veut caractériser l'érotique par le « saisir », le « posséder », ou le « connaître ». Il n'y a rien de tout cela ou échec de tout cela, dans l'eros. Si on pouvait posséder, saisir et connaître l'autre, il ne serait pas l'autre. Posséder, connaître, saisir sont des synonymes du pouvoir.

D'ailleurs, le rapport avec l'autre est généralement recherché comme une fusion. J'ai voulu précisément contester que la relation avec l'autre soit fusion. La relation avec autrui, c'est l'absence de l'autre ; non pas absence pure et simple, non pas absence de pur néant, mais absence dans un horizon d'avenir, une absence qui est le temps. Horizon où pourra se constituer une vie personnelle au sein de l'événement transcendant, ce que nous avons appelé plus haut la victoire sur la mort et dont il nous faut dire pour terminer quelques mots.

La fécondité

Revenons à la préoccupation qui nous a conduits de l'altérité de la mort à l'altérité du féminin. Devant un événement pur, devant un avenir pur, qu'est la mort, où le moi ne peut rien pouvoir, c'est-à-dire ne peut plus être moi, — nous cherchions une situation où cependant il lui est possible de rester moi, et nous avons appelé victoire sur la mort cette situation. Encore une fois, on ne peut pas qualifier cette situation de pouvoir. Comment dans l'altérité d'un toi, puis-je, sans m'absorber dans ce toi, et sans m'y perdre, rester moi ? Comment le moi peut-il rester moi dans un toi, sans être cependant le moi que je suis dans mon présent, c'est-à-dire un moi qui revient fatalement à soi ? Comment le moi peut-il devenir autre à soi ? Cela ne se peut que d'une seule manière : par la paternité.

La paternité est la relation avec un étranger qui, tout en étant autrui, est moi ; la relation du moi avec un moi-même, qui est cependant étranger à moi. Le fils en effet n'est pas simplement mon œuvre, comme un poème ou comme un objet fabriqué ; il n'est pas non plus ma propriété. Ni les catégories du pouvoir, ni celles de l'avoir ne peuvent indiquer la relation avec l'enfant. Ni la notion de cause, ni la notion de propriété ne permettent de saisir le fait de la fécondité. Je n'*ai* pas mon enfant ; je *suis* en quelque manière mon enfant. Seulement les mots « je suis » ont ici une signification différente de la signification éléatique ou platonicienne. Il y a une multiplicité et une transcendance dans ce verbe exister, une transcendance qui manque même aux analyses existentialistes les plus hardies. D'autre part, le fils n'est pas un événement quelconque qui m'arrive, comme, par exemple, ma tristesse, mon épreuve ou ma souffrance. C'est un moi, c'est une personne. Enfin, l'altérité du fils n'est pas celle d'un alter ego. La paternité n'est pas une sympathie par laquelle je peux me mettre à la place du fils. C'est par mon être que je suis mon fils et non pas par la sympathie. Le retour du moi à soi qui commence avec l'hypostase n'est donc pas sans rémission, grâce à la perspective d'avenir ouverte par l'eros. Au lieu d'obtenir cette rémission par la dissolution impossible de l'hypostase, on l'accomplit par le fils. Ce n'est donc pas selon la catégorie de la cause, mais selon la catégorie du père que se fait la liberté et que s'accomplit le temps.

La notion d'élan vital de Bergson qui confond dans le même mouvement la création artistique et la génération — ce que nous appelons la fécondité — ne tient pas compte de la mort, mais surtout tend vers un panthéisme impersonnaliste dans ce sens qu'il ne marque pas suffisamment la crispation et l'isolement de la subjectivité, moment inéluctable de notre dialectique. La paternité n'est pas simplement un renouvellement du père dans le fils et sa confusion avec lui, elle est aussi l'extériorité du père par rapport au fils, un exister pluraliste. La fécondité du moi doit être appréciée à sa juste valeur ontologique, ce qui n'a encore jamais été fait jusqu'alors. Le fait qu'elle est une catégorie biologique ne neutralise en aucune façon le paradoxe de sa signification, même psychologique.

J'ai commencé par la notion de la mort, par la notion du féminin, j'ai abouti à celle du fils. Je n'ai pas procédé d'une façon phénoménologique. La continuité du développement est celle d'une dialectique partant de l'identité de l'hypostase, de l'enchaînement du moi au soi, allant vers le maintien de cette identité, vers le maintien de l'existant, mais dans une libération du moi à l'égard de soi. Les situations concrètes qui avaient été analysées représentaient l'accomplissement de cette dialectique. Bien des intermédiaires avaient été sautés. L'unité de ces situations — la mort, la sexualité, la paternité — n'apparut jusqu'alors que par rapport à la notion du pouvoir que ces situations excluent.

Ce fut mon but principal. J'ai tenu à faire ressortir que l'altérité n'est pas purement et simplement l'existence d'une autre liberté à côté de la mienne. Sur celle-ci j'ai un pouvoir où elle m'est absolument étrangère, sans relation avec moi. La coexistence de plusieurs libertés est une multiplicité qui laisse intacte l'unité de chacune ; ou bien cette multiplicité s'unit en une volonté générale. La sexualité, la paternité et la mort introduisent dans l'existence une dualité qui concerne l'exister même de chaque sujet. L'exister lui-même devient double. La notion éléatique de l'être est dépassée. Le temps constitue non point la forme déchue de l'être, mais son événement même. La notion éléatique de l'être domine la philosophie de Platon où la multiplicité était subordonnée à l'un et où le rôle du féminin était pensé dans les catégories de passivité et d'activité, était réduit à la matière. Platon n'a pas saisi le féminin dans sa notion spécifiquement érotique. Il n'a laissé, dans sa philosophie de l'amour, au féminin d'autre rôle que celui de fournir un exemple de l'Idée, laquelle seule peut être objet d'amour. Toute la particularité de la relation de l'un à l'autre passe inaperçue, Platon construit une République qui doit imiter le monde des Idées ; il fait la philosophie d'un monde de la lumière, d'un monde sans temps. A partir de Platon, l'idéal du social sera cherché dans un idéal de fusion. On pensera que dans sa relation avec l'autre, le sujet tend à s'identifier avec lui, en s'abîmant dans une représentation collective, dans un idéal commun. C'est la collectivité qui dit « nous », qui, tournée vers le soleil intelligible, vers la vérité, sent l'autre à côté de soi, et non pas en face de soi. Collectivité qui s'établit nécessairement autour d'un troisième terme qui sert d'intermédiaire. Le *Miteinandersein* demeure lui aussi la collectivité de l'avec et c'est autour de la vérité qu'il se révèle dans sa forme authentique. Il est collectivité autour de quelque chose de commun. Aussi comme dans toutes les philosophies de la communion, la socialité chez Heidegger se retrouve-t-elle dans le sujet seul et c'est en des termes de solitude que se poursuit l'analyse du *Dasein*, dans sa forme authentique.

A cette collectivité du côte-à-côte, j'ai essayé d'opposer la collectivité « moi-toi », la prenant non pas au sens de Buber, où la réciprocité demeure le lien entre deux libertés séparées, et où le caractère inéluctable de la subjectivité isolée est sous-estimé. J'ai cherché une transcendance temporelle d'un présent vers le mystère de l'avenir. Celle-ci n'est pas une participation à un troisième terme, que ce soit une personne, une vérité, une œuvre, une profession. C'est une collectivité qui n'est pas une communion. Elle est le face-à-face sans intermédiaire, et nous est fournie dans l'eros où, dans la proximité de l'autre, est intégralement maintenue la distance, dont le pathétique est fait à la fois de cette proximité et de cette dualité.

Ce qu'on présente comme l'échec de la communication dans l'amour constitue précisément la positivité de la relation ; cette absence de l'autre est précisément sa présence comme autre.

Au cosmos qui est le monde de Platon s'oppose le monde de l'esprit où les implications de l'eros ne se réduisent pas à la logique du genre, où le moi se substitue au même et *autrui* à l'autre.

NOTES

(1) Toutes les négations intervenant dans la description de cette « relation à l'infini », ne se bornent pas au sens formel et logique de la négation, ne constituent pas une théologie négative ! Elles disent tout ce qu'un langage logique — notre langue — peut exprimer, par le dire et le dédire, de la dia-chronie qui se montre dans la patience de l'attente, qui est la longueur même du temps, qui ne se réduit pas à l'anticipation (laquelle serait déjà une façon de « rendre présent »), qui ne recèle pas une *représentation* de l'attendu ou du désiré (cette représentation serait-elle pure « présentification »). L'attendu, le désiré seraient déjà *termes*; l'attente et l'aspiration — finalité et non pas rapport à l'Infini.

(2) Cf. notre « Autrement qu'être ou au delà de l'essence » (1974) et, plus spécialement, notre étude « Dieu et la philosophie » parue en 1975 dans le Nouveau Commerce n° 30/31.

(3) Cette conception de la jouissance comme d'une sortie de soi s'oppose au platonisme. Platon fait un calcul quand il dénonce les plaisirs mélangés ; impurs

puisqu'ils supposent un manque qui se comble sans qu'aucun gain réel ne soit enregistré. Ce n'est pas en termes de profits et de pertes qu'il convient de juger la jouissance ; il faut l'envisager dans son devenir, dans son événement, par rapport au drame du moi s'inscrivant dans l'être, jeté dans une dialectique. Toute l'attraction des nourritures terrestres, toute l'expérience de la jeunesse s'oppose au calcul platonicien.

(4) Nous saisissons l'occasion pour revenir sur un point traité ici même par M. de Waelhens dans sa belle conférence. Il s'agit de Husserl. M. de Waelhens estime que la raison qui incite Husserl à passer de l'intuition descriptive à l'analyse transcendantale tient à l'identification entre intelligibilité et construction ; la pure vision n'étant pas intelligibilité. Je pense, par contre, que la notion husserlienne de la vision implique déjà l'intelligibilité. Voir, c'est déjà rendre sien et comme tirer de son propre fonds l'objet que l'on rencontre. Dans ce sens, la « constitution transcendantale » n'est qu'une façon de voir en pleine clarté. C'est un parachèvement de la vision.

(5) La mort chez Heidegger n'est pas, comme le dit M. Wahl, « l'impossibilité de la possibilité », mais « la possibilité de l'impossibilité ». Cette distinction, d'apparence byzantine, a une importance fondamentale.

DU MÊME AUTEUR

THÉORIE DE L'INTUITION DANS LA PHÉNOMÉNOLOGIE DE HUSSERL
1930. 1963. 1970. 1978. 1984. Vrin, Paris.
Traduction en anglais aux U.S.A., 1973.

DE L'EXISTENCE A L'EXISTANT
1947. 1978. 1981. 1984. Vrin, Paris.
Traduction en anglais chez Martinus Nijhoff,
La Haye, 1978.

EN DÉCOUVRANT L'EXISTENCE AVEC HUSSERL ET HEIDEGGER
1949. 1967. 1974. 1982. Vrin, Paris.
Traduction partielle en japonais et en allemand.

TOTALITÉ ET INFINI. ESSAI SUR L'EXTÉRIORITÉ
1961. 1965. 1968. 1971. 1974. Nijhoff, La Haye.
Traduction en anglais aux U.S.A., 1969,
en néerlandais 1966, *en serbe* 1976, *en espagnol* 1977,
en italien 1980, 1982.

DIFFICILE LIBERTÉ
1963. 1976. 1984. Albin Michel, Paris.

QUATRE LECTURES TALMUDIQUES
1968. 1976. Editions de Minuit, Paris.
Traduction en italien.

HUMANISME DE L'AUTRE HOMME
1972. 1978. Fata Morgana. Montpellier.
Traduction en espagnol, au Mexique, 1974.

AUTREMENT QU'ÊTRE, OU AU-DELA DE L'ESSENCE
1974. Nijhoff, La Haye.
Traduction en anglais et en italien.

SUR MAURICE BLANCHOT
1975. Fata Morgana, Montpellier.

NOMS PROPRES
1975. Fata Morgana, Montpellier.
Traduction en italien.

DU SACRÉ AU SAINT.
CINQ NOUVELLES LECTURES TALMUDIQUES
1977. Editions de Minuit, Paris.
Traduction en italien.

en néerlandais :
HET MENSLIJK GELAAT
1969. 1971. 1975. Ambo, Utrecht
avec préface et notes du Pr. A. Peperzak.

L'AU-DELA DU VERSEL
1982. Editions de Minuit, Paris.

DE DIEU QUI VIENT A L'IDÉE
1982. Vrin, Paris.

DE L'ÉVASION
1982. Fata Morgana, Montpellier (avec une présentation de J. Rolland).
Traduction en italien.

ÉTHIQUE ET INFINI
1982. Fayard, Paris.
Traduction en anglais, en italien, en japonais.

TRANSCENDANCE ET INTELLIGIBILITÉ
1984. Labor et Fides, Genève.

Traduction de l'allemand :
HUSSERL : MÉDITATIONS CARTÉSIENNES
1931. Vrin, Paris
en collaboration avec Gabrielle Peiffer.

COLLECTION « QUADRIGE »

ALQUIÉ F.	Le Désir d'éternité
ALTHUSSER L.	Montesquieu, la politique et l'histoire
ANDREAS-SALOMÉ L.	Ma Vie
ARON R.	La Sociologie allemande contemporaine
ATTALI J.	Analyse économique de la vie politique
AYMARD A. et AUBOYER J.	L'Orient et la Grèce antique
BACHELARD G.	La Philosophie du non
BACHELARD G.	La Poétique de l'espace
BACHELARD G.	La Poétique de la rêverie
BACHELARD G.	Le Nouvel Esprit scientifique
BACHELARD G.	La Flamme d'une chandelle
BALANDIER G.	Sens et puissance
BALANDIER G.	Sociologie actuelle de l'Afrique noire
BALANDIER G.	Anthropologie politique
BERGSON H.	Essai sur les données immédiates de la conscience
BERGSON H.	L'Energie spirituelle
BERGSON H.	L'Evolution créatrice
BERGSON H.	Le Rire
BERGSON H.	Les Deux Sources de la morale et de la religion
BERGSON H.	Matière et mémoire
BERGSON H.	La Pensée et le mouvant
BOUHDIBA A.	La Sexualité en Islam
BRÉHIER E.	Histoire de la philosophie, T. I
BRÉHIER E.	Histoire de la philosophie, T. II
BRÉHIER E.	Histoire de la philosophie, T. III
CANGUILHEM G.	Le Normal et le pathologique
CHAILLEY J.	Histoire musicale du Moyen Age
CORTOT A.	La Musique française de piano
CROZET R.	L'Art roman
DUMÉZIL G.	Du Mythe au roman
DURAND G.	L'Imagination symbolique
DURKHEIM E.	Les Règles de la méthode sociologique
DURKHEIM E.	Le Suicide
DURKHEIM E.	Les Formes élémentaires de la vie religieuse
DURKHEIM E.	Education et sociologie
FESTUGIÈRE A.-J.	Epicure et ses dieux
FOCILLON H.	L'Art des sculpteurs romans
FOCILLON H.	La Vie des formes

COLLECTION « QUADRIGE »

GANDHI	Autobiographie
GINOUVÈS R.	L'Art grec
GODECHOT J.	La Contre-Révolution, 1789-1804
HAMSUN K.	La Faim
HAYEK F. A.	La Route de la servitude
KANT E.	Critique de la raison pratique
KANT E.	Critique de la raison pure
KAUTSKY K.	Le Bolchevisme dans l'impasse
LACOSTE Y.	Géographie du sous-développement
LAGACHE D.	La Jalousie amoureuse
LAGACHE D.	L'Unité de la psychologie
LAPLANCHE J.	Hölderlin et la question du père
LE BON G.	Psychologie des foules
LEROI-GOURHAN A.	Les Religions de la préhistoire
LEVINAS E.	Le Temps et l'autre
LÉVI-STRAUSS C.	L'Identité *(Séminaire)*
LOVY R.-J.	Luther
MARÇAIS G.	L'Art musulman
MAUSS M.	Sociologie et anthropologie
MOUSNIER R. et LABROUSSE E.	Le XVIIIe siècle.
PARISET F.-G.	L'Art classique
POULANTZAS N.	L'Etat, le pouvoir, le socialisme
ROMILLY J. DE	La Tragédie grecque
SARTRE J.-P.	L'Imagination
SCHOPENHAUER A.	Aphorismes sur la sagesse dans la vie
SEIGNOBOS C.	Histoire sincère de la nation française
SENGHOR L. Sedar	Anthologie de la nouvelle poésie nègre et malgache
SIEYÈS E.	Qu'est-ce que le Tiers Etat ?
STERN H.	L'Art byzantin
SUZUKI, FROMM, DE MARTINO	Bouddhisme Zen et psychanalyse
TAZIEFF H.	Les Volcans et la dérive des continents
VAN TIEGHEM P.	Dictionnaire des littératures, vol. 1 : A-C
VAN TIEGHEM P.	Dictionnaire des littératures, vol. 2 : D-J
VAN TIEGHEM P.	Dictionnaire des littératures, vol. 3 : K-Q
VAN TIEGHEM P.	Dictionnaire des littératures, vol. 4 : R-Z
VERNANT J.-P.	Les Origines de la pensée grecque
WALLON H.	Les Origines du caractère chez l'enfant
WALLON H.	L'Enfant turbulent